プリント形式のリアル過去問で本番の臨場感！

長崎県

長崎南山中学校

2025年春 受験用

解答集

本書は，実物をなるべくそのままに，プリント形式で年度ごとに収録しています。
問題用紙を教科別に分けて使うことができるので，本番さながらの演習ができます。

■ 収録内容

・解答集(この冊子です)

書籍ＩＤ番号，この問題集の使い方，最新年度実物データ，リアル過去問の活用，
解答例と解説，ご使用にあたってのお願い・ご注意，お問い合わせ

・2024(令和６)年度 ～ 2022(令和４)年度 学力検査問題

JN132581

○は収録あり	年度	'24	'23	'22			
■ 問題(一次)		○	○	○			
■ 解答用紙		○	○	○			
■ 配点							

算数に解説
があります

2024年度より国語で聞き取り問題を実施(放送原稿・音声は非公表)
注)国語問題文非掲載:2022年度の一

問題文の非掲載につきまして

著作権上の都合により，本書に収録している過去入試問題の本文の一部を掲載しておりません。ご不便をおかけし，誠に申し訳ございません。

本文の一部を掲載できなかったことによる国語の演習不足を補うため，論説文および小説文の演習問題のダウンロード付録があります。弊社ウェブサイトから書籍ＩＤ番号を入力してご利用ください。

なお，問題の量，形式，難易度などの傾向が，実際の入試問題と一致しない場合があります。

教英出版

■ 書籍ＩＤ番号

入試に役立つダウンロード付録や学校情報などを随時更新して掲載しています。
教英出版ウェブサイトの「ご購入者様のページ」画面で，書籍ＩＤ番号を入力してご利用ください。

書籍ＩＤ番号　103442

（有効期限：2025年9月30日まで）

【入試に役立つダウンロード付録】
「要点のまとめ(国語／算数)」
「課題作文演習」ほか

■ この問題集の使い方

年度ごとにプリント形式で収録しています。針を外して教科ごとに分けて使用します。①片側，②中央のどちらかでとじてありますので，下図を参考に，問題用紙と解答用紙に分けて準備をしましょう（解答用紙がない場合もあります）。

針を外すときは，けがをしないように十分注意してください。また，針を外すと紛失しやすくなりますので気をつけましょう。

① 片側でとじてあるもの

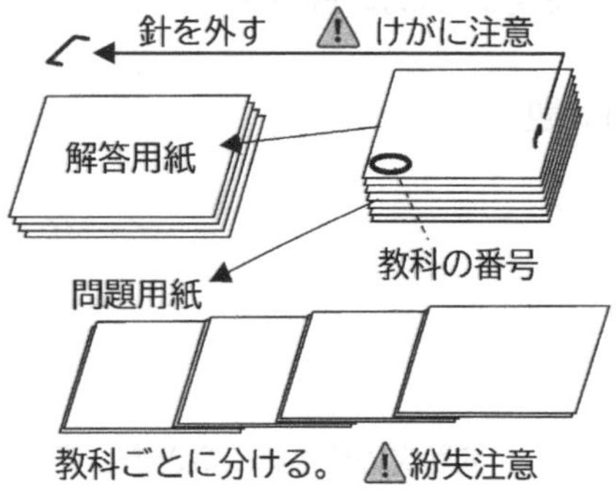

② 中央でとじてあるもの

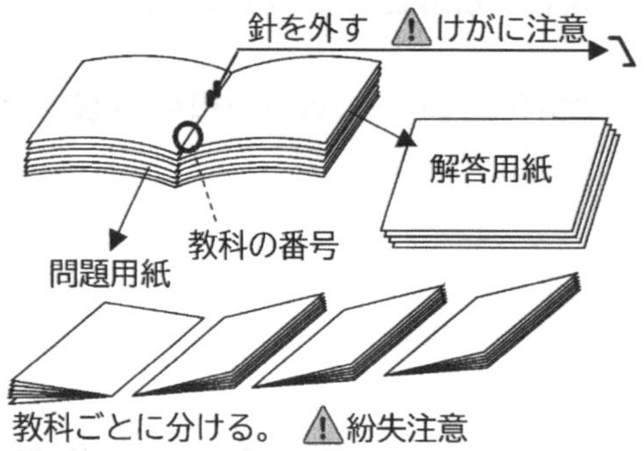

※教科数が上図と異なる場合があります。
解答用紙がない場合や，問題と一体になっている場合があります。
教科の番号は，教科ごとに分けるときの参考にしてください。

■ 最新年度 実物データ

実物をなるべくそのままに編集していますが，収録の都合上，実際の試験問題とは異なる場合があります。実物のサイズ，様式は右表で確認してください。

問題用紙	Ａ４冊子(二つ折り)
解答用紙	Ａ４片面プリント

リアル過去問の活用

～リアル過去問なら入試本番で力を発揮することができる～

本番を体験しよう！

問題用紙の形式（縦向き / 横向き），問題の配置や余白など，実物に近い紙面構成なので本番の臨場感が味わえます。まずはパラパラとめくって眺めてみてください。「これが志望校の入試問題なんだ！」と思えば入試に向けて気持ちが高まることでしょう。

入試を知ろう！

同じ教科の過去数年分の問題紙面を並べて，見比べてみましょう。

①　問題の量

毎年同じ大問数か，年によって違うのか，また全体の問題量はどのくらいか知っておきましょう。どのくらいのスピードで解けば時間内に終わるのか，大問ひとつにかけられる時間を計算してみましょう。

②　出題分野

よく出題されている分野とそうでない分野を見つけましょう。同じような問題が過去にも出題されていることに気がつくはずです。

③　出題順序

得意な分野が毎年同じ大問番号で出題されていると分かれば，本番で取りこぼさないように先回りして解答することができるでしょう。

④　解答方法

記述式か選択式か（マークシートか），見ておきましょう。記述式なら，単位まで書く必要があるかどうか，文字数はどのくらいかなど，細かいところまでチェックしておきましょう。計算過程を書く必要があるかどうかも重要です。

⑤　問題の難易度

必ず正解したい基本問題，条件や指示の読み間違いといったケアレスミスに気をつけたい問題，後回しにしたほうがいい問題などをチェックしておきましょう。

問題を解こう！

志望校の入試傾向をつかんだら，問題を何度も解いていきましょう。ほかにも問題文の独特な言いまわしや，その学校独自の答え方を発見できることもあるでしょう。オリンピックや環境問題など，話題になった出来事を毎年出題する学校だと分かれば，日頃のニュースの見かたも変わってきます。

こうして志望校の入試傾向を知り対策を立てることこそが，過去問を解く最大の理由なのです。

実力を知ろう！

過去問を解くにあたって，得点はそれほど重要ではありません。大切なのは，志望校の過去問演習を通して，苦手な教科，苦手な分野を知ることです。苦手な教科，分野が分かったら，教科書や参考書に戻って重点的に学習する時間をつくりましょう。今の自分の実力を知れば，入試本番までの勉強の道すじが見えてきます。

試験に慣れよう！

入試では時間配分も重要です。本番で時間が足りなくなってあわてないように，リアル過去問で実戦演習をして，時間配分や出題パターンに慣れておきましょう。教科ごとに気持ちを切り替える練習もしておきましょう。

心を整えよう！

入試は誰でも緊張するものです。入試前日になったら，演習をやり尽くしたリアル過去問の表紙を眺めてみましょう。問題の内容を見る必要はもうありません。どんな形式だったかな？受験番号や氏名はどこに書くのかな？…ほんの少し見ておくだけでも，志望校の入試に向けて心の準備が整うことでしょう。

そして入試本番では，見慣れた問題紙面が緊張した心を落ち着かせてくれるはずです。

※まれに入試形式を変更する学校もありますが，条件はほかの受験生も同じです。心を整えてあせらずに問題に取りかかりましょう。

2024 解答例
令和6年度

長崎南山中学校

《国　語》

一　放送原稿《げんこう》非公表のため，解答例は掲載《けいさい》しておりません。

二　問一．a．以外　b．断　c．発展　d．垂直　e．いた　問二．A．ウ　B．イ　問三．エアロカー

問四．著名で年老いた科学者が不可能であると述べたことが、その後、実現していくことになったから。

問五．イ　問六．右図　問七．あきらめた未来への挑戦が今も続いている

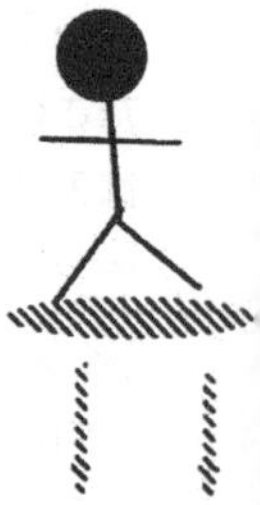

問八．（１字あける）私はタイムマシーンを開発したいと考える。（改行）なぜなら、未来に行くことで、これから起こる社会問題を知ることができるからだ。それにより、その問題の原因となる点を、現在はもちろん過去にさかのぼるなどして、発見し、解決することが可能になると考えている。

《社　会》

1　問１．日本海　問２．ウ　問３．エ　問４．イ　問５．イ

2　問１．【A】1894　【B】1937　問２．甲午農民戦争　問３．八幡製鉄所　問４．国家総動員法

問５．東条英機　問６．（８月６日）…広島県　（８月９日）…長崎県　問７．(あ)イ　(い)カ　(う)キ　(え)エ　(お)ウ　(か)オ　(き)ア　(く)ク

3　問１．マスコミュニケーション／マスコミ／マスメディア　のうち１つ　問２．立候補〔別解〕出馬

問３．政党　問４．秘密選挙

《算　数》

1　(1)cm　(2)25　(3)42100　(4)ア．1　イ．3　ウ．54　(5)5　(6)3　(7)9　(8)$1\frac{1}{3}$　(9)24

2　問１．18

問２．(1)ある　理由…大きいサイコロが３で，小さいサイコロが３のとき得点が９点になり，Ｂくんの合計得点がＡくんの合計得点より高くなるから。　(2)Ｃくん　理由…大きいサイコロが２で，小さいサイコロが５のとき得点が０点になり同点になるから。

3　問１．ア．69　イ．132　ウ．373　エ．180　問２．240

4　問１．8　問２．0.8　問３．9

《理　科》

1　問１．A．うすいアンモニア水　B．炭酸水　C．うすい塩酸　D．石灰水　E．さとう水　F．食塩水

問２．石灰水，うすいアンモニア水

2　問１．80　問２．150　問３．70

3　問１．(1)ア　(2)南の高い空を通って西へしずむ。　(3)イ　(4)エ

問２．エ→ア→ウ→イ　問３．(1)右グラフ

(2)気温が10℃より高くなると産卵し，低くなると産卵しなくなる。

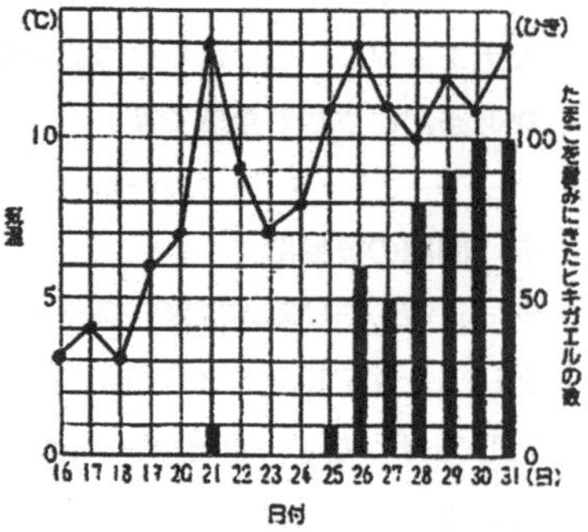

4　問１．A．増え　B．強く　問２．ウ

2024 算数解説 令和6年度 ▶長崎南山中学校

1 (1) 一般的に使われる長さの単位である，mm，cm，mから，どれが適切かを考える。

(2) メガネをかけている生徒はクラス全体の，$\frac{9}{36}\times100=$**25**(%)

(3) **【解き方】kmの「k《キロ》」は「×1000」を表す。**

42.1 km＝(42.1×1000) m＝**42100**mである。

(4) 5人の合計タイムは，12分3秒＋15分22秒＋13分53秒＋12分2秒＋10分34秒＝62分114秒＝62分(60＋54)秒＝63分54秒＝(60＋3)分54秒＝**1時間3分54秒**

(5) **【解き方】ADとBCが平行であることから，斜線部分の2つの三角形を面積を変えずに変形する。**

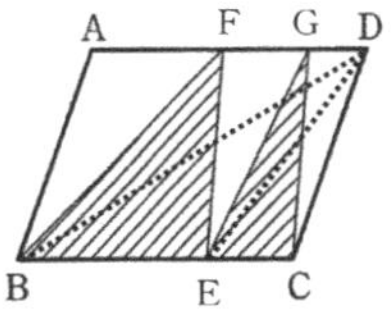

右図において，三角形BEFと三角形BEDは面積が等しい。また，三角形ECGと三角形ECDは面積が等しい。したがって，三角形BCDの面積を求めればよい。

平行四辺形の面積は，対角線によって2等分されるから，三角形BCDの面積は

10÷2＝5(㎠)である。よって，斜線部分の面積は**5**㎠となる。

(6) **【解き方】一方の値が2倍，3倍，…になると，もう一方の値も2倍，3倍，…になるものを探す。**

①すべてのくぎの重さが等しいので，重さと本数は比例する。

②年齢《ねんれい》が増えても体重が増えるとは限らない。

③速度が一定だから，自動車が走った時間と距離《きょり》は比例する。

④正方形の周の長さは1辺の長さの4倍だから，比例する。

よって，比例するものは①，③，④の**3**つある。

(7) 与式＝3×3＝**9**

(8) 与式$=\frac{1}{4}\times\frac{2}{3}\times8=\frac{4}{3}=$ $\mathbf{1\frac{1}{3}}$

(9) 与式＝94－5×(23－9)＝94－5×14＝94－70＝**24**

2 **問1** 1回目の得点は2×4＝8(点)，2回目の得点は，6×3＝18より，8点，3回目の得点は1×2＝2(点)だから，得点の合計は8＋8＋2＝**18**(点)である。

問2(1) Aくんの3回の得点の合計は2＋6＋4＝12(点)，Bくんの2回の得点の合計は1＋3＝4(点)だから，Bくんが勝つためには，3回目の得点が12－4＝8(点)より大きい，つまり9点となる必要がある。積の一の位が9となるような2つの整数のうち，どちらも1以上6以下であるような組み合わせを探すと，3×3＝9が見つかる。よって，Bくんが勝つ可能性が**ある**。

(2) Cくんの3回の得点の合計は3＋4＋5＝12(点)，Dくんの2回の得点の合計は6＋6＝12(点)である。Dくんが3回目に0点であれば2人の得点はともに12点となり，引き分けとなる。そのような場合は，Dくんの3回目のサイコロの目の組み合わせが(2，5)(4，5)(6，5)のいずれかになるときに起こり得るので，**Cくん**が正しい。

3 **問1** 博多～新山口の距離は149 km，小倉～新山口の距離は80 kmだから，ア＝149－80＝**69**

小倉～広島の距離は212 km，小倉～新山口の距離は80 kmだから，イ＝212－80＝**132**

博多～岡山の距離は442 km，博多～小倉の距離は69 kmだから，ウ＝442－69＝**373**

新山口～岡山の距離は373－80＝293(km)だから，エ＝473－293＝**180**

問２　(1)より，岡山～新大阪の距離は 180 ㎞，45 分$=\frac{45}{60}$時間$=\frac{3}{4}$時間だから，この区間における新幹線の速さは，$180\div\frac{3}{4}=240$ より，時速 **240** ㎞である。

4　**問１**　鉄製の立方体のおもりの体積は，２×２×２＝**８**(㎤)

問２　**【解き方】おもりがすべて水の中にしずむときに上がる水面の高さは，おもりの体積と等しい体積の水を入れたときに上がる水面の高さと等しい。**

水そうの底面積が 10 ㎠，おもりの体積が８㎤だから，おもりを１個しずめたとき，水面は$\frac{8}{10}=$**0.8**(㎝)上がる。

問３　**【解き方】おもりがすべて水にしずんでいるとき，おもりを１個重ねるたびに，水面の高さは0.8㎝ずつ，おもりの高さは２㎝ずつ増えていく。**

おもりを１個重ねるたびに，水面の高さとおもりの一番上の部分の高さの差は２－0.8＝1.2(㎝)ずつちぢまる。

よって，水面の高さとおもりの一番上の部分の高さが等しくなるのは，おもりを $10\div1.2=\frac{25}{3}=8\frac{1}{3}$(個)重ねたときなので，おもりを**９**個重ねれば，おもりの一部が水面の上に出る。

長崎南山中学校

《国　語》

一　問一．a．童話　b．ふきげん　c．ねいろ　d．やまい　e．部屋　　問二．エ　　問三．動物の病気はなおせないという〔別解〕動物の医者などやれないという　　問四．イ　　問五．ウ　　問六．真剣さと言葉への愛〔別解〕真剣に書くこと　　問七．ア

二　問一．司会〔別解〕司会進行／話し合いを進める役割　　問二．親に相談する／家庭で確認する／買う物を決めておく／お小遣いを計画的に使う　などから１つ

問三．(例文)

マンガを持ってきてはいけないと考えます。

なぜなら、せっかくみんなでいろいろ見て学びに行くのに、マンガを持って出かければ、みんなと話す機会もなくなってしまうし、バスの中で説明をしているときに話を聞いていない人が出て、ガイドの人に失礼になってしまうからです。

《社　会》

1　問１．色丹島　　問２．ア　　問３．エ　　問４．島の周辺の排他的経済水域が失われてしまうことにより，地下資源や水産資源の権利が減少してしまう。

2　問１．①イ　②ウ　　問２．番号…13　説明…消費電力が少ない新しい電気機器を使うことで総発電量を減らすことができ，発電時に発生する地球温暖化の原因である二酸化炭素を減らせるから。

3　問１．朝鮮を支配しようとしている日本と清の様子を，ロシアがうかがい横取りをたくらんでいる。

問２．幕府の禁止するキリスト教の布教をしないオランダと，長崎の出島に限定して貿易を行うことで，その利益を独占するため。

4　問１．イ　　問２．ウ　　問３．ア　　問４．11月３日…文化の日　５月３日…憲法記念日

《算　数》

1　(1)14　(2)198　(3)240　(4)240　(5)$\frac{2}{3}$　(6)16　(7)$\frac{11}{12}$　(8)$\frac{7}{10}$　(9)4　(10)102　(11)1　(12)500　(13)28　(14)195　(15)5　(16)139

2　(1)18　(2)ア．①　イ．1　(3)ウ．⑥　エ．17

3　(1)1540　(2)14　(3)170

《理　科》

1　問１．A．酸素　B．ちっ素　　問２．二酸化炭素　　問３．炎を出しながら燃える。　　問４．ア

2　問１．ろ過　　問２．ア，ウ，エ　　問３．イ　　問４．4

3　問１．イ　　問２．ア　　問３．エ　　問４．ウ　　問５．ウ

4　問１．消化管　　問２．ア．かん臓　イ．胃　　問３．ウ　　問４．小腸　　問５．血管　　問６．B　　問７．D

2023 算数解説　長崎南山中学校

令和５年度

1 (5) 与式 $=\frac{4}{9}\times\frac{3}{8}\div\frac{1}{4}=\frac{4}{9}\times\frac{3}{8}\times 4=\mathbf{\frac{2}{3}}$

(6) 与式＝４×４＝**16**

(7) 与式 $=\frac{24}{12}-\frac{6}{12}-\frac{4}{12}-\frac{3}{12}=\mathbf{\frac{11}{12}}$

(8) 与式 $=(\frac{1}{2}+\frac{3}{4}\times\frac{6}{5})\times\frac{8}{7}-\frac{9}{10}=\frac{1}{2}\times\frac{8}{7}+\frac{3}{4}\times\frac{6}{5}\times\frac{8}{7}-\frac{9}{10}=\frac{4}{7}+\frac{36}{35}-\frac{9}{10}=\frac{40}{70}+\frac{72}{70}-\frac{63}{70}=\frac{49}{70}=\mathbf{\frac{7}{10}}$

(9) 右の筆算より，28＝２×７×２，42＝２×７×３となる。

2) 28　42
7) 14　21
　　 2　 3

よって，公約数は１，２，７，14の**４**個である。

(10) (合計点)＝(平均点)×(人数)で求められる。よって，合計点は8.5×12＝**102**(点)

(11) **【解き方】９を連続してかけたときの一の位の規則性を考える。**

９を連続してかけたときの一の位は，１個のみだと９，２個かけると９×９＝81より１，３個かけると１×９＝９より９，４個かけると９×９＝81より１，…となり，９を奇数回かけたときは９，偶数回かけたときは１となる。10は偶数だから，９を10個かけたときの一の位は**１**である。

(12) 求める人数は，125÷0.25＝**500**(人)

(13) △ＡＢＣと△ＣＤＥで，三角形の１つの外角は，これととなり合わない２つの内角の和に等しいから，∠ＢＣＤ＝80°＋32°＝112°，∠ＢＣＤ＝84°＋①と表せる。よって，①＝112°－84°＝**28°**

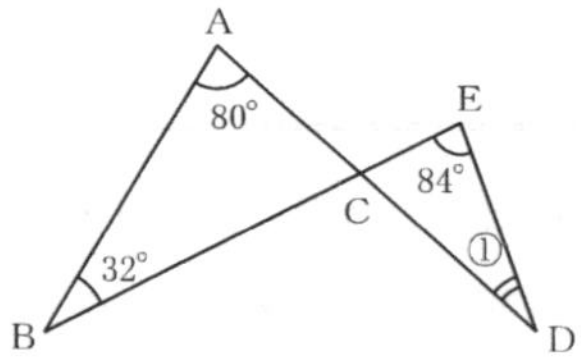

(14) **【解き方】一の位を四捨五入して20となる整数は，15から24までの整数である。**

求める整数の和は，15＋16＋17＋18＋19＋20＋21＋22＋23＋24＝(15＋24)＋(16＋23)＋(17＋22)＋(18＋21)＋(19＋20)＝39×５＝**195**

(15) $\frac{1}{□}+\frac{2}{□}+\frac{3}{□}+\frac{4}{□}+\frac{5}{□}=\frac{15}{□}$ より，$\frac{15}{□}$＝３となるから，□＝15÷３＝**５**

(16) **【解き方】右図のように斜線《しゃせん》部分の一部を，矢印のように移動させて考える。**

斜線部分の面積は，半径10cmの半円の面積から，１辺が６cmの正方形の半分の面積を引いた面積だから，10×10×3.14÷２－６×６÷２＝157－18＝**139**(cm²)

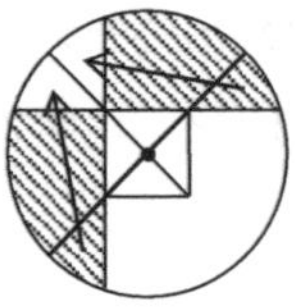

2 (1) **【解き方】図１のように，長方形Ａの４つの頂点をＣ，Ｄ，Ｅ，Ｆ，直角三角形Ｂの３つの頂点をＧ，Ｈ，Ｉとする。**

ＡとＢの重なりがなくなるとき，ＤがＩまで移動する。

よって，求める時間は８＋10＝**18**(秒)

図１

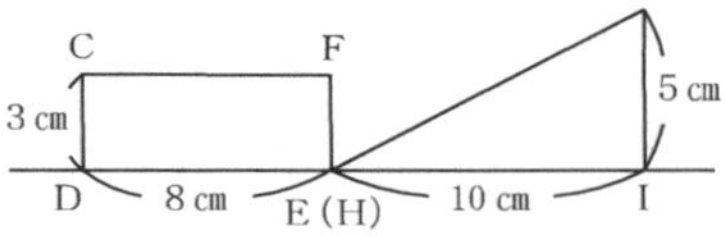

(2) **【解き方】動き始めて２秒後のＡとＢが重なる部分の図形は図２の三角形ＪＨＥ(色つき部分)である。**

ＧＩとＪＥは平行だから，三角形ＧＨＩと三角形ＪＨＥは形が同じで大きさが異なる三角形である。よって，ＧＩ：ＪＥ＝ＨＩ：ＨＥ

５：ＪＥ＝10：２より，ＪＥ＝$5\times\frac{2}{10}$＝１(cm)である。

図２

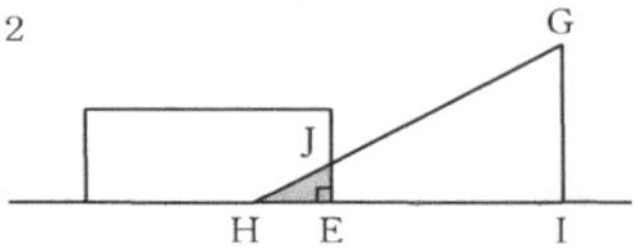

△ＪＨＥは∠ＨＥＪ＝90°の**直角三角形**だから，求める面積は，２×１÷２＝**１**(cm²)である。

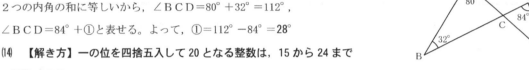

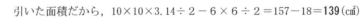

(3)　【解き方】動き始めて12秒後は(1)の18－12＝6（秒）前だから，

図3のようになる。よって，ＡとＢが重なる部分の面積は，

長方形ＣＤＩＭの面積と直角三角形ＣＬＫの面積の差である。

図3

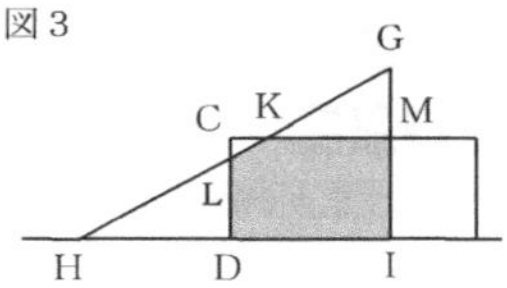

ＤＩ＝6㎝だから，（長方形ＣＤＩＭの面積）＝3×6＝18（㎠）

また，ＨＤ＝ＨＩ－ＤＩ＝10－6＝4（㎝）

ＧＩとＬＤは平行だから，三角形ＧＨＩと三角形ＬＨＤは形が同じで大きさが異なる三角形である。

よって，ＧＩ：ＬＤ＝ＨＩ：ＨＤ　　5：ＬＤ＝10：4より，ＬＤ＝$5\times\frac{4}{10}=2$（㎝）である。

したがって，ＬＣ＝3－2＝1（㎝）

ＨＤとＣＫは平行だから，三角形ＬＨＤと三角形ＬＫＣは形が同じで大きさが異なる三角形である。

よって，ＨＤ：ＫＣ＝ＬＤ：ＬＣ　　4：ＫＣ＝2：1より，ＫＣ＝$4\times\frac{1}{2}=2$（㎝）である。

以上より，（三角形ＬＫＣの面積）＝1×2÷2＝1（㎠）だから，

求める**五角形**ＫＬＤＩＭの面積は，18－1＝**17**（㎠）である。

3　(1)　みかん5個，りんご3個の代金の合計は530円，りんご3個，なし4個の代金の合計は1010円だから，

みかん5個，りんご3＋3＝6（個），なし4個の代金の合計は530＋1010＝**1540**（円）である。

(2)　みかん5個，なし4個の代金の合計と，りんご8個の代金は同じである。よって，(1)より，Ａさんが払ったのと同じ代金で，りんごは6＋8＝**14**（個）買える。

(3)　(2)より，りんご14個の代金は1540円だから，りんご1個の代金は1540÷14＝110（円）である。

りんご3個，なし4個の代金の合計は1010円だから，なし1個の代金は（1010－110×3）÷4＝**170**（円）である。

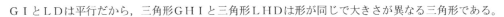

2022 解答例 長崎南山中学校

令和４年度

《国　語》

一　問一．a．述　b．指導者　c．発展　d．せんじつ　e．ろじょう　　問二．イ

問三．アメリカ初の女性副大統領／女性の昇進〔別解〕女性の活躍　　問四．ウ，エ　　問五．社会の分断と対立

問六．女性の活躍がアメリカよりも難しい（下線部は 女性の昇進 でもよい）

二　（例文）

合唱にはクラスメイトとのきずなを深める目的があると考えます。

なぜなら、合唱は一人でできるものではなく、みんなで声を合わせ、リズムをそろえたり、声の大きさを考えたりする必要があるからです。うまくみんなで歌えたときは、心を一つにできたように感じられるので、きずなが深まると思います。

《社　会》

1　問１．①ア　②ウ　　問２．ア　　問３．地産地消　　問４．フードマイレージ

2　国会・内閣・裁判所の三権が分立し互いに抑制し，権力の集中やらん用を防ぎ，さらに主権をもつ国民が三権を監視する政治を実現するため

3　問１．①大化の改新　②平清盛　③1192　④1600　⑤大日本帝国　⑥ポツダム宣言　　問２．Ⅰ．D　Ⅱ．F

問３．Ⅲ．ア　Ⅳ．オ

4　人口が約14億人と世界でもっとも多く，生産した小麦の大部分は国内で消費してしまうため

《算　数》

1　(1)0.6　(2)7　(3)$\frac{5}{18}$　(4)5700　(5)5　(6)$9\frac{7}{12}$　(7)18　(8)$\frac{4}{5}$　(9)312　(10)2　(11)840　(12)896

(13)0.4　(14)6　(15)72　(16)50.24

2　(1)ア．7000　イ．5000　ウ．2500　　(2)13500

3　(1)A，1　　(2)ラジコンAの10m前にラジコンBを置き，同時にスタートする。／ラジコンAとラジコンBを同じ位置にセットし，ラジコンBをスタートさせた1.25秒後にラジコンAをスタートさせる。などから１つ

《理　科》

1　問１．おす　　問２．受精　　問３．ウ→エ→ア→イ　　問４．はらにあるふくろの養分を使っているから。

問５．池の水に含まれていた小さな生き物を食べていたから。

2　問１．葉／くき／根　　問２．ウ　　問３．ア　　問４．蒸散　　問５．植物の温度を下げるため。／植物の余分な水分を外に出すため。／根からの水の吸収をさかんにするため。などから１つ

3　問１．イ，オ　　問２．ア　　問３．ウ　　問４．イ

4　問１．①，②　　問２．水素　　問３．イ　　問４．塩化水素

1 (2) 与式＝6＋1＝7

(3) 与式$=\frac{14}{18}-\frac{6}{18}-\frac{3}{18}=\frac{5}{18}$

(4) 与式＝25×4×57＝100×57＝5700

(5) 与式＝4＋(6－1)÷5＝4＋5÷5＝4＋1＝5

(6) 与式$=(\frac{25}{15}+\frac{21}{15})\times\frac{25}{8}=\frac{46}{15}\times\frac{25}{8}=\frac{115}{12}=9\frac{7}{12}$

(7) 与式$=(\frac{3}{5}+\frac{15}{5})\times 5=\frac{18}{5}\times 5=18$

(8) 与式$=(\frac{1}{1}-\frac{1}{2})+(\frac{1}{2}-\frac{1}{3})+(\frac{1}{3}-\frac{1}{4})+(\frac{1}{4}-\frac{1}{5})=1-\frac{1}{5}=\frac{4}{5}$

(9) 右図のように斜線《しゃせん》部分を移動させて考えると，求める面積は，

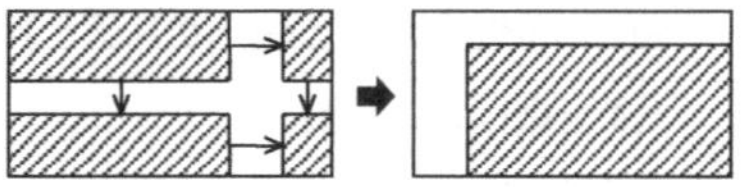

(15－3)×(30－4)＝312(㎡)

(10) **【解き方】あまりが4になるので，条件に合う数は，50－4＝46の約数のうち，4より大きく50以下の整数である。**

46の約数は1と46，2と23だから，求める個数は23と46の2個である。

(11) 5gが30枚なので，求める枚数は，$30\times\frac{140}{5}=840$(枚)

(12) 3割＝0.3だから，求める金額《きんがく》は，1280×(1－0.3)＝896(円)

(13) 1㎡＝1m×1m＝100㎝×100㎝＝10000㎠だから，4000㎠$=\frac{4000}{10000}$㎡＝0.4㎡

(14) ペアは全部で，(Aくん，Bくん)(Aくん，Cくん)(Aくん，Dくん)(Bくん，Cくん)(Bくん，Dくん)(Cくん，Dくん)の6通りある。

(15) 2つの数の最小公倍数を求めるときは，右の筆算のように割り切れる数で次々に割っていき，割った数と割られた結果残った数をすべてかけあわせればよい。

2) 18　24
3) 9　12
　　3　4

よって，求める最小公倍数は，2×3×3×4＝72

(16) 半径は8÷2＝4(㎝)だから，面積は，4×4×3.14＝50.24(㎠)

2 (1) △△市の割引制度を利用して，1人が10000円のホテルに宿泊すると，10000÷2＝5000より，割引金額は上限の3000円となるので，宿泊代は10000－3000＝ア7000(円)となる。

10000円の宿泊の場合，○○県の割引制度を使うと，10000×(1－0.5)＝イ5000(円)になる。

ここから△△市の割引制度を利用すると，さらに5000÷2＝2500(円)割引される(上限の3000円をこえない)ので，5000－2500＝ウ2500(円)になる。

(2) **【解き方】1人あたりの宿泊費をそれぞれ求める。**

お父さんとお母さんの1人あたりの宿泊費を考える。

○○県の割引制度で15000×(1－0.5)＝7500(円)になり，7500÷2＝3750より，△△市の割引制度でさらに上限の3000円が割引されるから，1人あたりの宿泊費は，7500－3000＝4500(円)

太郎君と弟の1人あたりの宿泊費を考える。

○○県の割引制度で9000×(1－0.5)＝4500(円)になり，△△市の割引制度でさらに4500÷2＝2250(円)が割引されるから，1人あたりの宿泊費は，4500－2250＝2250(円)

したがって，求める金額は，4500×2＋2250×2＝13500(円)

■ ご使用にあたってのお願い・ご注意

（1）問題文等の非掲載

著作権上の都合により，問題文や図表などの一部を掲載できない場合があります。

誠に申し訳ございませんが，ご了承くださいますようお願いいたします。

（2）過去問における時事性

過去問題集は，学習指導要領の改訂や社会状況の変化，新たな発見などにより，現在とは異なる表記や解説になっている場合があります。過去問の特性上，出題当時のままで出版していますので，あらかじめご了承ください。

（3）配点

学校等から配点が公表されている場合は，記載しています。公表されていない場合は，記載していません。

独自の予想配点は，出題者の意図と異なる場合があり，お客様が学習するうえで誤った判断をしてしまう恐れがあるため記載していません。

（4）無断複製等の禁止

購入された個人のお客様が，ご家庭でご自身またはご家族の学習のためにコピーをすることは可能ですが，それ以外の目的でコピー，スキャン，転載（ブログ，ＳＮＳなどでの公開を含みます）などをすることは法律により禁止されています。学校や学習塾などで，児童生徒のためにコピーをして使用することも法律により禁止されています。

ご不明な点や，違法な疑いのある行為を確認された場合は，弊社までご連絡ください。

（5）けがに注意

この問題集は針を外して使用します。針を外すときは，けがをしないように注意してください。また，表紙カバーや問題用紙の端で手指を傷つけないように十分注意してください。

（6）正誤

制作には万全を期しておりますが，万が一誤りなどがございましたら，弊社までご連絡ください。

なお，誤りが判明した場合は，弊社ウェブサイトの「ご購入者様のページ」に掲載しておりますので，そちらもご確認ください。

■ お問い合わせ

解答例，解説，印刷，製本など，問題集発行におけるすべての責任は弊社にあります。

ご不明な点がございましたら，弊社ウェブサイトの「お問い合わせ」フォームよりご連絡ください。迅速に対応いたしますが，営業日の都合で回答に数日を要する場合があります。

ご入力いただいたメールアドレス宛に自動返信メールをお送りしています。自動返信メールが届かない場合は，「よくある質問」の「メールの問い合わせに対し返信がありません。」の項目をご確認ください。

また弊社営業日（平日）は，午前９時から午後５時まで，電話でのお問い合わせも受け付けています。

2025 春

株式会社教英出版

〒422-8054　静岡県静岡市駿河区南安倍３丁目 12-28

TEL　054-288-2131　　FAX　054-288-2133

URL　https://kyoei-syuppan.net/

MAIL siteform@kyoei-syuppan.net

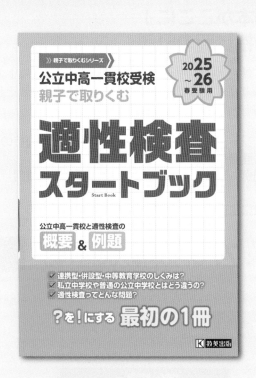

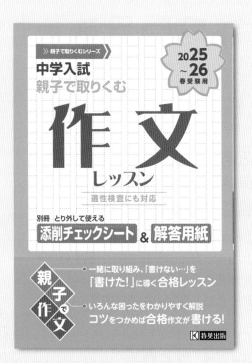

神奈川県

①[県立] 相模原中等教育学校
平塚中等教育学校

②[市立]南高等学校附属中学校

③[市立]横浜サイエンスフロンティア高等学校附属中学校

④[市立]川崎高等学校附属中学校

✿⑤聖光学院中学校

✿⑥浅野中学校

⑦洗足学園中学校

⑧法政大学第二中学校

⑨逗子開成中学校(1次)

⑩逗子開成中学校(2·3次)

⑪神奈川大学附属中学校(第1回)

⑫神奈川大学附属中学校(第2·3回)

⑬栄光学園中学校

⑭フェリス女学院中学校

新潟県

①[県立] 村上中等教育学校
柏崎翔洋中等教育学校
燕中等教育学校
津南中等教育学校
直江津中等教育学校
佐渡中等教育学校

②[市立]高志中等教育学校

③新潟第一中学校

④新潟明訓中学校

石川県

①[県立]金沢錦丘中学校

②星稜中学校

福井県

①[県立]高志中学校

山梨県

①山梨英和中学校

②山梨学院中学校

③駿台甲府中学校

長野県

①[県立] 屋代高等学校附属中学校
諏訪清陵高等学校附属中学校

②[市立]長野中学校

岐阜県

①岐阜東中学校

②鶯谷中学校

③岐阜聖徳学園大学附属中学校

静岡県

①[国立] 静岡大学教育学部附属中学校
(静岡·島田·浜松)

② [県立]清水南高等学校中等部
[県立]浜松西高等学校中等部
[市立]沼津高等学校中等部

③不二聖心女子学院中学校

④日本大学三島中学校

⑤加藤学園暁秀中学校

⑥星陵中学校

⑦東海大学付属静岡翔洋高等学校中等部

⑧静岡サレジオ中学校

⑨静岡英和女学院中学校

⑩静岡雙葉中学校

⑪静岡聖光学院中学校

⑫静岡学園中学校

⑬静岡大成中学校

⑭城南静岡中学校

⑮静岡北中学校

⑯ 常葉大学附属常葉中学校
常葉大学附属橘中学校
常葉大学附属菊川中学校

⑰藤枝明誠中学校

⑱浜松開誠館中学校

⑲静岡県西遠女子学園中学校

⑳浜松日体中学校

㉑浜松学芸中学校

愛知県

①[国立]愛知教育大学附属名古屋中学校

②愛知淑徳中学校

③ 名古屋経済大学市邨中学校
名古屋経済大学高蔵中学校

④金城学院中学校

⑤椙山女学園中学校

⑥東海中学校

⑦南山中学校男子部

⑧南山中学校女子部

⑨聖霊中学校

⑩滝中学校

⑪名古屋中学校

⑫大成中学校

⑬愛知中学校

⑭星城中学校

⑮名古屋葵大学中学校
(名古屋女子大学中学校)

⑯愛知工業大学名電中学校

⑰海陽中等教育学校(特別給費生)

⑱海陽中等教育学校(I·II)

⑲中部大学春日丘中学校

新刊⑳名古屋国際中学校

三重県

①[国立]三重大学教育学部附属中学校

②暁中学校

③海星中学校

④四日市メリノール学院中学校

⑤高田中学校

⑥セントヨゼフ女子学園中学校

⑦三重中学校

⑧皇學館中学校

⑨鈴鹿中等教育学校

⑩津田学園中学校

滋賀県

①[国立]滋賀大学教育学部附属中学校

②[県立] 河瀬中学校
守山中学校
水口東中学校

京都府

①[国立]京都教育大学附属桃山中学校

②[府立]洛北高等学校附属中学校

③[府立]園部高等学校附属中学校

④[府立]福知山高等学校附属中学校

⑤[府立]南陽高等学校附属中学校

⑥[市立]西京高等学校附属中学校

⑦同志社中学校

⑧洛星中学校

⑨洛南高等学校附属中学校

⑩立命館中学校

⑪同志社国際中学校

⑫同志社女子中学校(前期日程)

⑬同志社女子中学校(後期日程)

大阪府

①[国立]大阪教育大学附属天王寺中学校

②[国立]大阪教育大学附属平野中学校

③[国立]大阪教育大学附属池田中学校

④[府立]富田林中学校
⑤[府立]咲くやこの花中学校
⑥[府立]水都国際中学校
⑦清風中学校
⑧高槻中学校（A日程）
⑨高槻中学校（B日程）
⑩明星中学校
⑪大阪女学院中学校
⑫大谷中学校
⑬四天王寺中学校
⑭帝塚山学院中学校
⑮大阪国際中学校
⑯大阪桐蔭中学校
⑰開明中学校
⑱関西大学第一中学校
⑲近畿大学附属中学校
⑳金蘭千里中学校
㉑金光八尾中学校
㉒清風南海中学校
㉓帝塚山学院泉ヶ丘中学校
㉔同志社香里中学校
㉕初芝立命館中学校
㉖関西大学中等部
㉗大阪星光学院中学校

兵庫県

①[国立]神戸大学附属中等教育学校
②[県立]兵庫県立大学附属中学校
③雲雀丘学園中学校
④関西学院中学部
⑤神戸女学院中学部
⑥甲陽学院中学校
⑦甲南中学校
⑧甲南女子中学校
⑨灘中学校
⑩親和中学校
⑪神戸海星女子学院中学校
⑫滝川中学校
⑬啓明学院中学校
⑭三田学園中学校
⑮淳心学院中学校
⑯仁川学院中学校
⑰六甲学院中学校
⑱須磨学園中学校（第1回入試）
⑲須磨学園中学校（第2回入試）
⑳須磨学園中学校（第3回入試）
㉑白陵中学校
㉒夙川中学校

奈良県

①[国立]奈良女子大学附属中等教育学校
②[国立]奈良教育大学附属中学校
③[県立]（国際中学校
　　　　 青翔中学校
④[市立]一条高等学校附属中学校
⑤帝塚山中学校
⑥東大寺学園中学校
⑦奈良学園中学校
⑧西大和学園中学校

和歌山県

①[県立]（古佐田丘中学校
　　　　 向陽中学校
　　　　 桐蔭中学校
　　　　 日高高等学校附属中学校
　　　　 田辺中学校
②智辯学園和歌山中学校
③近畿大学附属和歌山中学校
④開智中学校

岡山県

①[県立]岡山操山中学校
②[県立]倉敷天城中学校
③[県立]岡山大安寺中等教育学校
④[県立]津山中学校
⑤岡山中学校
⑥清心中学校
⑦岡山白陵中学校
⑧金光学園中学校
⑨就実中学校
⑩岡山理科大学附属中学校
⑪山陽学園中学校

広島県

①[国立]広島大学附属中学校
②[国立]広島大学附属福山中学校
③[県立]広島中学校
④[県立]三次中学校
⑤[県立]広島叡智学園中学校
⑥[市立]広島中等教育学校
⑦[市立]福山中学校
⑧広島学院中学校
⑨広島女学院中学校
⑩修道中学校
⑪崇徳中学校
⑫比治山女子中学校
⑬福山暁の星女子中学校
⑭安田女子中学校
⑮広島なぎさ中学校
⑯広島城北中学校
⑰近畿大学附属広島中学校福山校
⑱盈進中学校
⑲如水館中学校
⑳ノートルダム清心中学校
㉑銀河学院中学校
㉒近畿大学附属広島中学校東広島校
㉓AICJ中学校
㉔広島国際学院中学校
㉕広島修道大学ひろしま協創中学校

山口県

①[県立]（下関中等教育学校
　　　　 高森みどり中学校
②野田学園中学校

徳島県

①[県立]（富岡東中学校
　　　　 川島中学校
　　　　 城ノ内中等教育学校
②徳島文理中学校

香川県

①大手前丸亀中学校
②香川誠陵中学校

愛媛県

①[県立]（今治東中等教育学校
　　　　 松山西中等教育学校
②愛光中学校
③済美平成中等教育学校
④新田青雲中等教育学校

高知県

①[県立]（安芸中学校
　　　　 高知国際中学校
　　　　 中村中学校

福岡県

- ①[国立]福岡教育大学附属中学校（福岡·小倉·久留米）
- ②[県立] 育徳館中学校／門司学園中学校／宗像中学校／嘉穂高等学校附属中学校／輝翔館中等教育学校
- ③西南学院中学校
- ④上智福岡中学校
- ⑤福岡女学院中学校
- ⑥福岡雙葉中学校
- ⑦照曜館中学校
- ⑧筑紫女学園中学校
- ⑨敬愛中学校
- ⑩久留米大学附設中学校
- ⑪飯塚日新館中学校
- ⑫明治学園中学校
- ⑬小倉日新館中学校
- ⑭久留米信愛中学校
- ⑮中村学園女子中学校
- ⑯福岡大学附属大濠中学校
- ⑰筑陽学園中学校
- ⑱九州国際大学付属中学校
- ⑲博多女子中学校
- ⑳東福岡自彊館中学校
- ㉑八女学院中学校

佐賀県

- ①[県立] 香楠中学校／致遠館中学校／唐津東中学校／武雄青陵中学校
- ②弘学館中学校
- ③東明館中学校
- ④佐賀清和中学校
- ⑤成穎中学校
- ⑥早稲田佐賀中学校

長崎県

- ①[県立] 長崎東中学校／佐世保北中学校／諫早高等学校附属中学校
- ②青雲中学校
- ③長崎南山中学校
- ④長崎日本大学中学校
- ⑤海星中学校

熊本県

- ①[県立] 玉名高等学校附属中学校／宇土中学校／八代中学校
- ②真和中学校
- ③九州学院中学校
- ④ルーテル学院中学校
- ⑤熊本信愛女学院中学校
- ⑥熊本マリスト学園中学校
- ⑦熊本学園大学付属中学校

大分県

- ①[県立]大分豊府中学校
- ②岩田中学校

宮崎県

- ①[県立]五ヶ瀬中等教育学校
- ②[県立] 宮崎西高等学校附属中学校／都城泉ヶ丘高等学校附属中学校
- ③宮崎日本大学中学校
- ④日向学院中学校
- ⑤宮崎第一中学校

鹿児島県

- ①[県立]楠隼中学校
- ②[市立]鹿児島玉龍中学校
- ③鹿児島修学館中学校
- ④ラ・サール中学校
- ⑤志學館中等部

沖縄県

- ①[県立] 与勝緑が丘中学校／開邦中学校／球陽中学校／名護高等学校附属桜中学校

もっと過去問シリーズ

北海道

北嶺中学校
7年分（算数・理科・社会）

静岡県

静岡大学教育学部附属中学校
（静岡·島田·浜松）
10年分（算数）

愛知県

愛知淑徳中学校
7年分（算数・理科・社会）

東海中学校
7年分（算数・理科・社会）

南山中学校男子部
7年分（算数・理科・社会）

南山中学校女子部
7年分（算数・理科・社会）

滝中学校
7年分（算数・理科・社会）

名古屋中学校
7年分（算数・理科・社会）

岡山県

岡山白陵中学校
7年分（算数・理科）

広島県

広島大学附属中学校
7年分（算数・理科・社会）

広島大学附属福山中学校
7年分（算数・理科・社会）

広島学院中学校
7年分（算数・理科・社会）

広島女学院中学校
7年分（算数・理科・社会）

修道中学校
7年分（算数・理科・社会）

ノートルダム清心中学校
7年分（算数・理科・社会）

愛媛県

愛光中学校
7年分（算数・理科・社会）

福岡県

福岡教育大学附属中学校
（福岡·小倉·久留米）
7年分（算数・理科・社会）

西南学院中学校
7年分（算数・理科・社会）

久留米大学附設中学校
7年分（算数・理科・社会）

福岡大学附属大濠中学校
7年分（算数・理科・社会）

佐賀県

早稲田佐賀中学校
7年分（算数・理科・社会）

長崎県

青雲中学校
7年分（算数・理科・社会）

鹿児島県

ラ·サール中学校
7年分（算数・理科・社会）

※もっと過去問シリーズは
国語の収録はありません。

教英出版
〒422-8054
静岡県静岡市駿河区南安倍3丁目12−28
TEL 054-288-2131
FAX 054-288-2133
詳しくは教英出版で検索
教英出版　検索
URL https://kyoei-syuppan.net/

令和６年度

長崎南山中学校
一次入学試験問題

試験時間：６０分

（９：００～１０：００）

国語・社会

＊国語と社会はどちらから解いてもいいです。

＊国語は反対のページから始まります。

＊答えは，それぞれの教科の解答用紙にかきなさい。

受験番号

２０２４（令和６）年度　長崎南山中学校入学試験問題　（一次）社会

1　次の文章を読んで，あとの問いに答えなさい。

日本は周りを①海に囲まれた国です。②東経 135 度の線は日本の時刻を決めるもとにもなっています。日本の南のはしは（　あ　），北のはしは択捉島です。これらをふくむ大小の島々を合わせると面積は約（　い　）万平方キロメートルで，その（　う　）は山地であり，豊かな自然が広がっています。一方，平野には③たくさんの人々が住んでおり，工業をはじめさまざまな産業が発達しています。

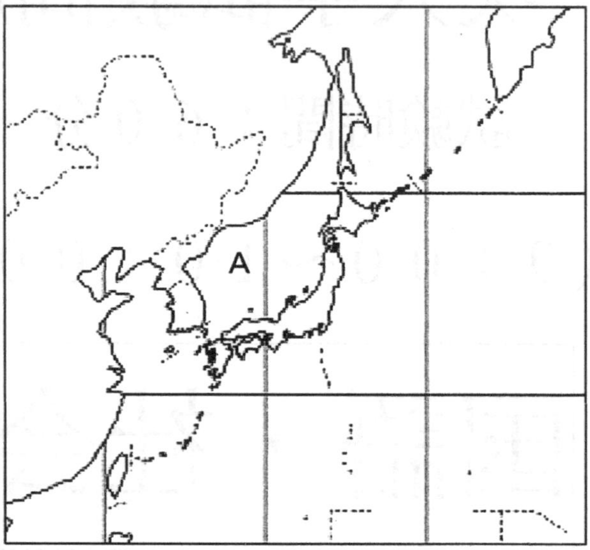

（経線と緯線は 15 度間隔になっている）

問１　下線部①について，右の地図中のＡの海を何といいますか。漢字で答えなさい。

問２　下線部②について，兵庫県のほかに東経 135 度の線が通っている都道府県の説明として正しいものを，次のア～エの中から１つ選び記号で答えなさい。

ア．出雲大社と呼ばれる，日本で一番古い神社建築様式の観光名所がある。

イ．日本で最も人口が多く，人口密度も高い。

ウ．794 年以降、都がおかれた。

エ．海岸が長く，最も島の数が多い。

問3　（　あ　）にあてはまる島として正しいものを，次の**ア**～**エ**の中から１つ選び，記号で答えなさい。

ア．南鳥島　　**イ**．与那国島　　**ウ**．淡路島　　**エ**．沖ノ鳥島

問4　（　い　）・（　う　）にあてはまる数字や割合の組み合わせとして正しいものを，次の**ア**～**エ**の中から１つ選び，記号で答えなさい。

ア．（い）＝ 38　（う）＝ 4分の1　　　**イ**．（い）＝ 38　（う）＝ 4分の3

ウ．（い）＝ 44　（う）＝ 4分の1　　　**エ**．（い）＝ 44　（う）＝ 4分の3

問5　下線部③について，現在の日本の人口に最も近いものを，次の**ア**～**エ**の中から１つ選び，記号で答えなさい。

ア．9千万人　　**イ**．1億2千万人　　**ウ**．1億5千万人　　**エ**．1億8千万人

2　次の文章を読んで，あとの問いに答えなさい。

【　A　】年，①朝鮮南部で農民の暴動が起こり，これをきっかけとして（　あ　）が始まった。日本はこの戦争に勝利し，翌年4月，清と（　い　）を結び，②多額の賠償金と台湾・（　う　）などをゆずりうけた。しかし，日本の東アジアへの進出を警戒したロシアは，ドイツとフランスとともに（　う　）を返すように要求し，日本は（　う　）を清に返還した。

1931年，日本軍は奉天郊外の柳条湖で起こった南満州鉄道爆破事件をきっかけに，軍事行動を開始して満州を占領した。翌年，満州国をつくり，この国を支配した。さらに，【　B　】年には盧溝橋事件が発生し，③日中戦争がはじまった。
④1941年12月8日，日本陸軍はマレー半島に上陸，日本海軍はハワイの真珠湾を攻撃し，（　え　）がはじまった。初めは日本軍の優勢のうちに戦争は展開していったが，1942年のミッドウェー海戦やガダルカナル島の戦いに敗れ，立場が逆転した。さらに1944年にはサイパン島がアメリカ軍に占領されると，日本各地はアメリカ軍の爆撃機によるはげしい空襲にさらされた。これを逃れるために，国民学校の子どもたちは（　お　）をさせられるようになった。その後，1945年3月に硫黄島が，そして6月には（　か　）が占領され，⑤8月6日と9日に原子爆弾が投下された。また，8日には（　き　）が参戦して満州に攻め込んだ。その後，日本は（　く　）を受け入れ，降伏した。

問１　【　A　】・【　B　】にあてはまる西暦年をそれぞれ答えなさい。

問２　下線部①について，日清戦争のきっかけになったこのできごとを何というか。

問３　下線部②について，この賠償金の一部をもとにして建設された官営工場を何というか。

問４　下線部③について，日中戦争が長びくにつれて，政府は議会の承認がなくても戦争に必要なあらゆる物資や人を思い通りに利用できるという法律を制定しました。この法律を何というか。

問５　下線部④について，太平洋戦争がはじまった時の日本の首相はだれか。

問６　下線部⑤について，６日と９日に投下された県名をそれぞれ答えなさい。

問７　（　あ　）～（　く　）にあてはまる語を次の**ア**～**ク**の中から１つずつ選び，記号で答えなさい。

ア．ソ連　**イ**．日清戦争　**ウ**．集団疎開　**エ**．太平洋戦争
オ．沖縄　**カ**．下関条約　**キ**．遼東半島　**ク**．ポツダム宣言

3　次の会話を読んで，あとの問いに答えなさい。

Ｉ君　選挙が近づくと，どうして①テレビや新聞はその話ばかりになるのかな？

父　どんな人が②選挙に出ていて，どんな政治をしようとしているのかをみんなが知る必要があるからだよ。選挙に出る人の考えを聞いて，自分と同じ考えをもつ人，または自分の考えに近い人を知る必要があるからだよ。

Ｉ君　でも，みんな少しずつ違うことを言ってるから，選ぶことができないよ。

父　そうだね。そういう場合は【　Ａ　】で選んでもいいね。実際に参議院議員選挙における比例代表制というやり方では，個人の名前を投票しても【　Ａ　】の名前を投票してもどちらでもいいことになっているんだよ。

Ｉ君　【　Ａ　】って何？

父　同じ考えをもつ人が集まって作っている，政治のグループみたいなものだよ。

Ｉ君　お父さんは誰に投票するの？

父　それは教えられないな。③誰がだれに投票するかは，誰にも言わなくていいことになっているんだよ。

問１　下線部①について，テレビや新聞などのわたしたちに多くの情報を発信しているものを何というか。

問２　下線部②について，代表者になるために選挙に出るということを何というか。

問３　文章中の【　Ａ　】にあてはまる，政治に対する志を同じくするグループを何というか。

問４　下線部③について，誰が誰に投票するかは，誰にも言わなくてもいいという選挙の原則を何というか。

国語は反対のページからです。

令和６年度

長崎南山中学校

一次試験問題

試験時間：６０分

（１０：１５〜１１：１５）

算数・理科

＊算数と理科はどちらから解いてもいいです。

＊理科は算数の後にあります。

＊答えは，それぞれの教科の解答用紙にかきなさい。

受験番号

２０２４（令和６）年度　長崎南山中学校入学試験問題　（一次）算数

1 次の各問いの □ に入る，単位や数を答えなさい。

(1) たろうさんが教室の自分の机を測ったら，縦は 39 □，横は 62 □ だった。
（同じ単位が入ります。）

(2) 36人学級のクラスで，メガネをかけている生徒が 9人なので，クラス全体の □ ％がメガネをかけていることになる。

(3) 42.1km を m で表すと □ m である。

(4) 5 人の児童が，スポーツテストでグランドを走った。そのときの記録をまとめると次のような表になった。

Aさん	Bさん	Cさん	Dさん	Eさん
12分3秒	15分22秒	13分53秒	12分2秒	10分34秒

この 5人の合計タイムは，ア 時間 イ 分 ウ 秒 である。

(5) 右の図において，平行四辺形ABCD の面積は 10 cm^2 です。
このとき，斜線部分の面積は □ cm^2 です。

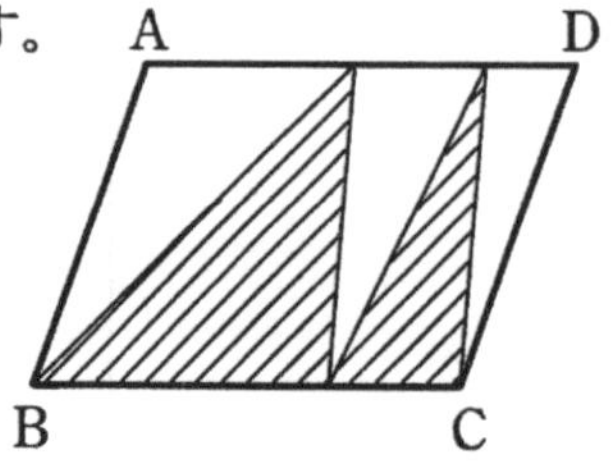

(6)　①～④のことがらのうち，2 つの量が比例しているのは全部で $\square$ つある。

①　同じくぎの重さと本数

②　人の年齢と体重

③　自動車が時速 45km で走ったとき，時間と距離

④　正方形の一辺の長さと周の長さ

(7)　$18 \div 6 \times 3$ を計算すると，$\square$ になる。

(8)　$0.25 \times \frac{2}{3} \times 8$ を計算すると，$\square$ になる。

(9) $94 - 5 \times (23 - 63 \div 7)$ を計算すると，$\square$ になる。

2 大きいサイコロと，小さいサイコロを同時に投げる。その2つの目の数をかけ算して求めた答えの一の位の数を得点とするゲームを行う。例えば，大きいサイコロの目が「3」で，小さいサイコロの目が「4」の場合は3×4＝12 より得点は「2点」となる。次の各問いに答えなさい。

問1　このゲームを3回行った。サイコロの目が次のようになったとき，得点の合計を求めなさい。

	大きいサイコロの目	小さいサイコロの目
1回目	2	4
2回目	6	3
3回目	1	2

問2　このゲームを3回行って，合計得点が高い方が勝ちとするゲームを行う。次の問いに答えなさい。

(1)　AくんとBくんが，このゲームを行っている。

	1回目	2回目	3回目
Aくん	2点	6点	4点
Bくん	1点	3点	

今からBくんが最後のゲームを行う。Bくんが，このゲームで勝つ可能性があるかどうか，理由といっしょに答えなさい。

(2)　CくんとDくんが，このゲームを行っている。

	1回目	2回目	3回目
Cくん	3点	4点	5点
Dくん	6点	6点	

今からDくんが最後のゲームを行う。今2人が次のような会話をしている。

Dくん：今，同点だからもうぼくの勝ちだね。
Cくん ：まだ，分からないよ。

どちらの会話が正しいですか。理由といっしょに答えなさい。

3 新幹線で博多駅から新大阪駅まで，いくつかの駅との距離をインターネットを使って調べて次のような表にまとめました。

					新大阪
				岡山	エ
			広島		
		新山口	イ		473
	小倉	80	212	ウ	
博多	ア	149		442	

(単位はkm)

この表を見ると，たとえば博多～新山口の距離は 149 km であることが分かります。
次の各問いに答えなさい。

問1　ア～エに入る数を求めなさい。

問2　岡山～新大阪の移動時間は 45分です。岡山～新大阪の間の新幹線の速さは，時速何 kmですか。

4 図１のように，底面積が $10cm^2$ の水そうがあり深さ 10cm まで水が入っています。図2は，この水そうを正面から見た図です。図3は，この水そうに１辺が 2cm の鉄製の立方体のおもりを1個しずめたときの図です。次の各問いに答えなさい。ただし，容器の厚さは考えないとします。

図1

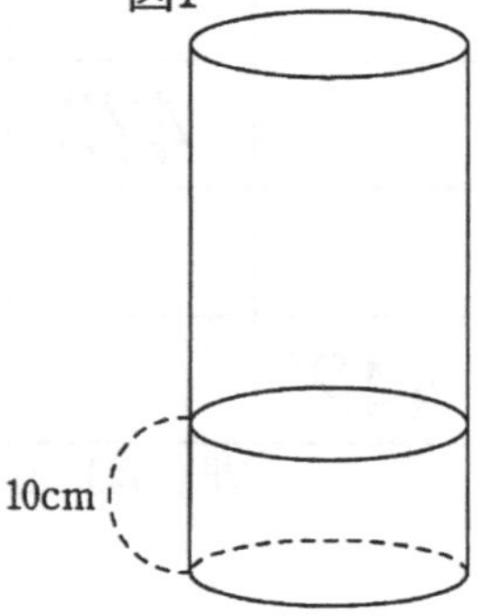

図2

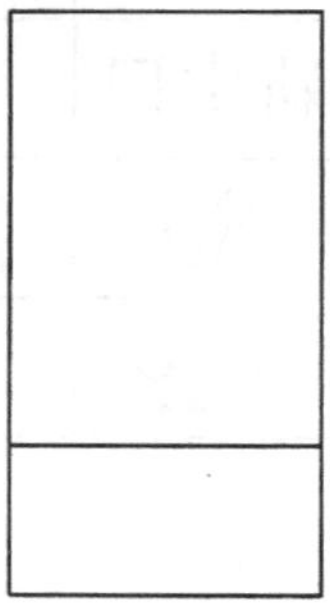

図3

問1　鉄製の立方体のおもりの体積を求めなさい。

問2　鉄製の立方体のおもりを1個しずめたとき，水面は何 cm高くなりますか。

問3　図4のように重りを縦に重ねていきます。何個積み重ね立てたとき，はじめて立方体のおもりの一部が水面の上に出ますか。

図4

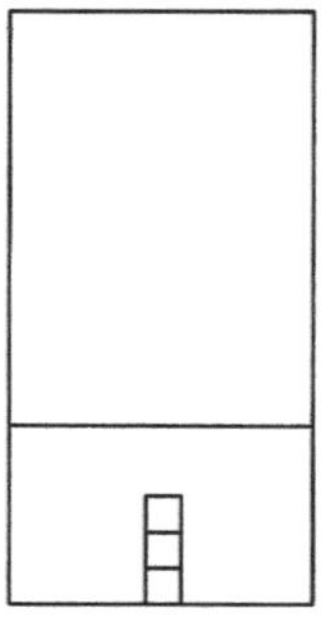

二〇二四（令和六）年度長崎南山中学校入学試験問題（一次）国語　解答用紙

受験番号

得　点

一

問一

問二

問三

問一

a

b

り

c

d

e

る

問二

A

B

問三

問四

問五

※国語と社会２科目100点満点（配点非公表）

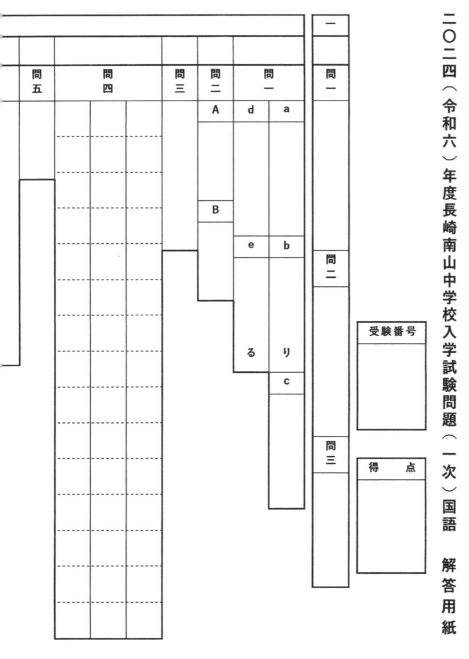

二〇二四（令和六）年度 [illegible] 解答用紙

一

問一

問二

問三

問一

a

b

問二

A

B

問三

問四

問五

3							

問１	問２
問３	問４

※社会と国語２科目100点満点（配点非公表）

受験番号

	(2)	

3	問1 ア		問1 イ		問1 ウ		問1 エ	
	問2	時速　　　　km						

4	問1	cm^3	問2	cm	問3	個

受　験　番　号

1小計	2小計	3小計	得　点

※算数と理科２科目100点満点（配点非公表）

問3

(1)

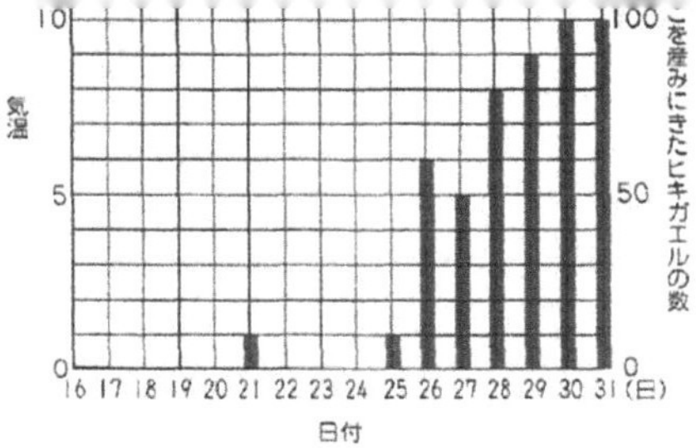

(2)

4

問1	A	B	問2	

4

受験番号

点

※理科と算数２科目100点満点（配点非公表）

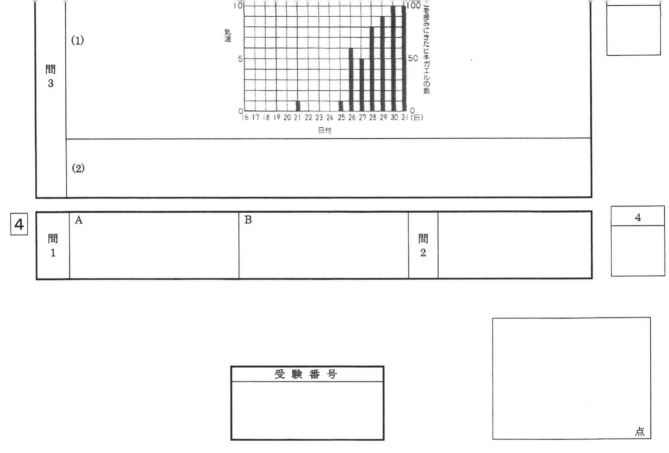

令和６年度　長崎南山中学校　一次入学試験問題

理　科　　解　答　用　紙

1

問1	A	B	C
	D	E	F
問2			

1

2

問1	cm	問2	g	問3	cm

2

3

問1	(1)	(2)		
	(3)	(4)	問2	→ → →

【解答

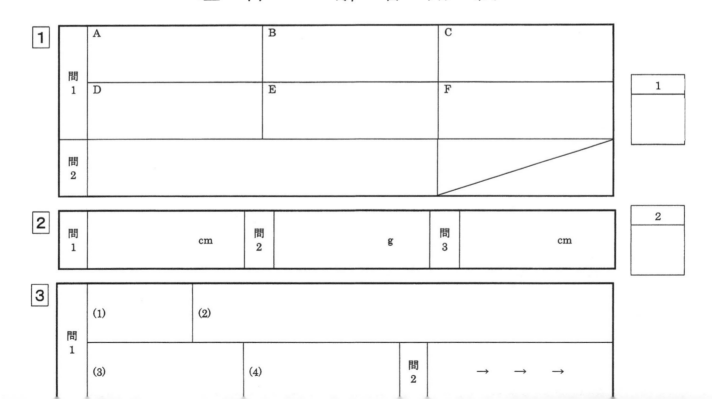

２０２４（令和６）年度　長崎南山中学校　一次入学試験問題

算　数　　解　答　用　紙

※解答用紙には，答えのみを書きなさい。

1	(1)		(2)		(3)			
	(4) ア		(4) イ		(4) ウ		(5)	
	(6)		(7)		(8)		(9)	

2	問 1	点
	問 2 (1)	B くんが勝つ可能性が（　ある　　ない　）　どちらかを〇で囲む
		理由

【解答

２０２４（令和６）年度　長崎南山中学校入学試験問題（一次）社会　解答用紙

1

問１	問２	問３	問４	問５

2

問1【 Ａ 】	問1【 Ｂ 】	問2

問3	問4

問5	問6（8月6日）	問6（8月9日）

【解答

問八

問七（　　　　）ことを伝えようとしている。

次のページから理科の問題です。

２０２４（令和６）年度　長崎南山中学校入学試験問題　（一次）理科

1 次の文を読み，あとの問いに答えなさい。

食塩水，さとう水，石灰水，うすい塩酸，炭酸水，うすいアンモニア水のどれかが１種類入ったビーカーA，B，C，D，E，Fがあります。それぞれのビーカーに何が入っているかを調べるために次のような実験をし，その結果を示しました。

【実験１】

ビーカーA～Fの水溶液に青色リトマス紙をつけ，色の変化を調べた。ビーカーB，Cは青色リトマス紙が赤色に変化し，ビーカーA，D，E，Fは変化がなかった。

【実験２】

ビーカーA～Fの水溶液に赤色リトマス紙をつけ，色の変化を調べた。ビーカーA，Dは赤色リトマス紙が青色に変化し，ビーカーB，C，E，Fは変化がなかった。

【実験３】

ビーカーA～F の水溶液を蒸発皿に少し入れ，ガスバーナーで十分に加熱した。ビーカーA～Cは，何も残らなかった。ビーカーEは黒色の固体が残り，D，Fは白色の固体が残った。

【実験４】

ビーカーBの水溶液とビーカーDの水溶液を混ぜると水溶液は白くにごった。

【実験５】

ビーカーA～Fの水溶液に鉄を入れると，ビーカーCは鉄が溶け始め気体が発生した。

問１　ビーカーA～F の水溶液にあたるものを，食塩水，さとう水，石灰水，うすい塩酸，炭酸水，うすいアンモニア水からそれぞれ１つ選びなさい。

問２　食塩水，さとう水，石灰水，うすい塩酸，炭酸水，うすいアンモニア水の中から，アルカリ性の水溶液をすべて選びなさい。

2 次の文を読み，あとの問いに答えなさい。

長さ 100cm の棒がある。棒の左はしをA，右はしをBとしておもりを糸でつるし，支点Cで棒を支える。ただし，棒と糸の重さは考えないものとする。

問１　図１のように，Aに 100ｇのおもりをつるし，Cで支えたとき，棒が水平を保つようにするためには，Aから右に何 cm はなれたところに 100ｇのおもりをつるすとよいか，答えなさい。

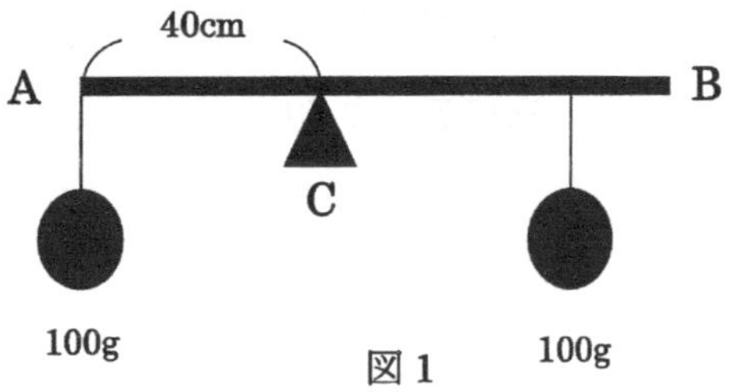

図１

問２　図２のように，Aに 100ｇのおもりをつるし，棒が水平を保つようにするためには，Bに何ｇのおもりをつるすとよいか，答えなさい。

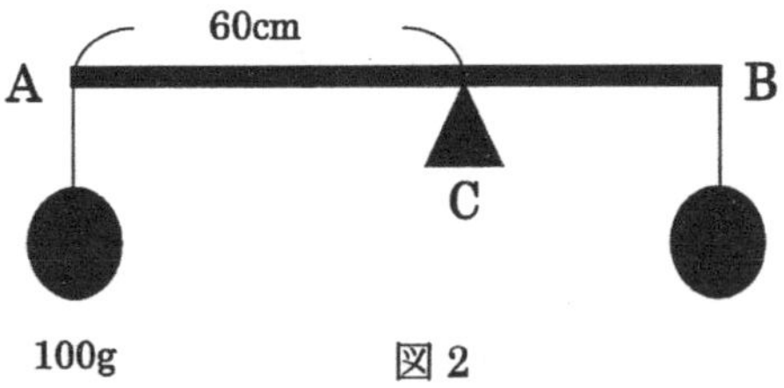

図２

問３　図３のように，Aに 30ｇ，Bに 70ｇのおもりをつるして棒が水平を保つようにするためには，AからCの長さを何 cm にすればよいか，答えなさい。

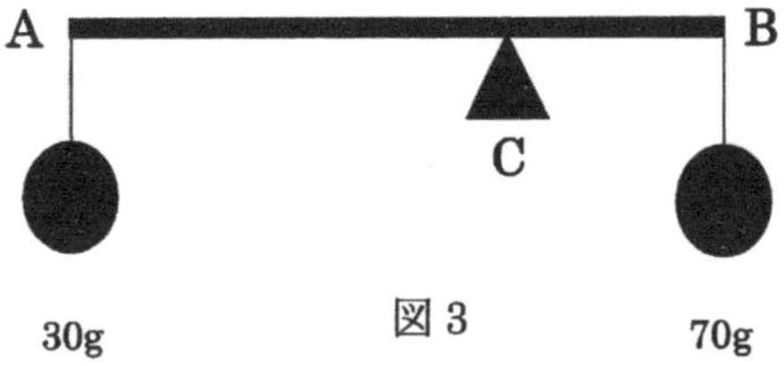

図３

3 次の各問いに答えなさい。

問 1　東の山の近くに見える満月とオリオンざを観察しました。

(1) この観察は何時ごろに行ったものですか。
次の**ア～ウ**の中から 1 つ選び，記号で答えなさい。

ア　午後 7 時ごろ　　**イ**　午前 0 時ごろ　　**ウ**　午前 5 時ごろ

(2) このあと，時間がたつにつれて，満月の動きはどのようになりますか。満月が沈むまでの動きを簡単に書きなさい。

(3) このあと，時間がたつにつれて，オリオンざの見える位置や形はどのようになりますか。次の**ア～ウ**の中から 1 つ選び，記号で答えなさい。

ア　オリオンざが見える位置も，形もかわらなかった。

イ　オリオンざが見える位置はかわったが，形はかわらなかった。

ウ　オリオンざが見える位置はかわらなかったが，形はかわった。

(4) 満月が形をかえていき，また満月が見られるようになるのは，およそ何日後ですか。
次の**ア～エ**の中から 1 つ選び，記号で答えなさい。

ア　7 日後　　**イ**　14 日後　　**ウ**　20 日後　　**エ**　30 日後

問 2　次の**ア～エ**は，季節によって観察される生き物のようすを表しています。**ア～エ**を，春，夏，秋，冬の順になるようにならべなさい。

ア　イチョウやカエデは葉の緑色がこくなり，葉がおいしげる。

イ　オオカマキリのたまごが，茶色になった草のくきについている。

ウ　イチョウは黄色，カエデは赤色に葉の色がかわり，かれて落ち始める。

エ　小川ではカエルのたまごがかえって，おたまじゃくしが見られるようになる。

問３　３月16日から31日まで，ある池にたまごを産みにきたヒキガエルの数と，午前８時の気温を調べたところ，表のようになりました。また，この表のうち，たまごを産みにきたヒキガエルの数を，図のように棒グラフで表しました。これについて，下の各問いに答えなさい。

日付（日）	16	17	18	19	20	21	22	23
気温（℃）	3	4	3	6	7	13	9	7
ヒキガエル（ひき）	0	0	0	0	0	10	0	0
日付（日）	24	25	26	27	28	29	30	31
気温（℃）	8	11	13	11	10	12	11	13
ヒキガエル（ひき）	0	10	60	50	80	90	100	100

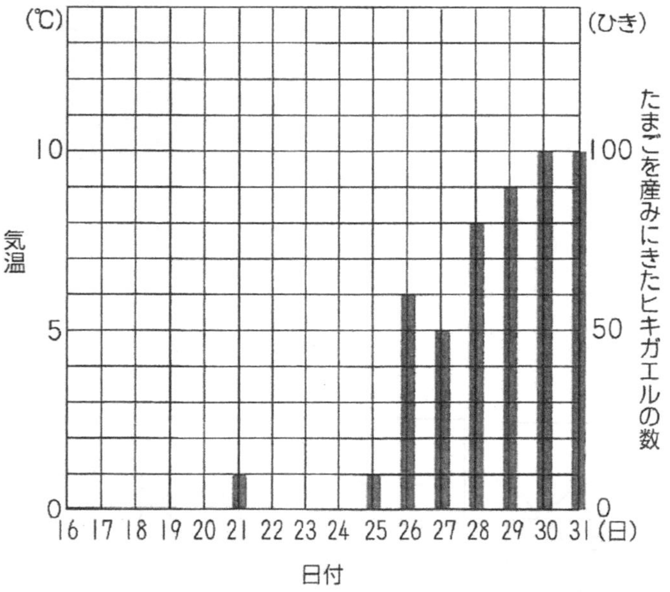

(1) 図に，気温を表す折れ線グラフをかきこみなさい。

(2) 気温の変化とヒキガエルの産卵との関係について，簡単に説明しなさい。

4 台風のようすについて，次の各問いに答えなさい。

問１　次の文章中の（　A　），（　B　）に当てはまる言葉を，それぞれ答えなさい。

　台風は日本よりも南の海上で発生します。そして，夏から秋にかけては，日本に近づいてくることもあります。台風が近づいてくると，雨量が（　A　），風も（　B　）なります。

問２　右の気象衛星の雲画像と同じ日の同じ時刻付近にアメダスのデータを調べると，どのようになりますか。次の**ア～ウ**の中から１つ選び，記号で答えなさい。ただし，**ア～ウ**の図中の ▫ は，雨が降った地点を表している。

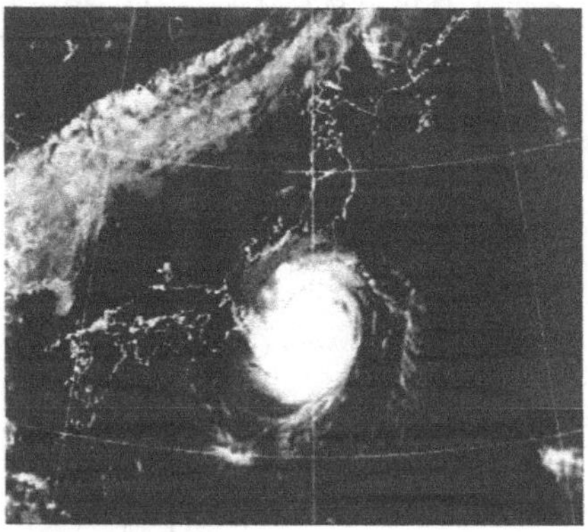

ア

イ

ウ

二〇二二（令和四）年度　長崎南山中学校入学試験問題（一次）国語

【特別な指定がない場合は、「。」（句点）「、」（読点）は一字に数えます。】

一　次の文章を読んで、あとの問いに答えなさい。

お詫び

著作権上の都合により、文章は掲載しておりません。

ご不便をおかけし、誠に申し訳ございません。

教英出版

お詫び

著作権上の都合により、文章は掲載しておりません。
ご不便をおかけし、誠に申し訳ございません。

教英出版

（中満《なかみつ》 泉《いずみ》『未来をつくるあなたへ』より）

問一　═══線a～eのうち、漢字はひらがなに、カタカナは漢字に直して書きなさい。

問二　───線①「なぜなら」の言葉の役割を次の中から一つ選び、記号で答えなさい。

ア　そこから前の文が、後の内容の原因・理由になっている。
イ　そこから後ろの文が、前の文の原因・理由になっている。
ウ　そこから後ろの文が、予測される内容と逆の結果になっている。
エ　前の文に対して、そこから後ろの文が同じ内容を追加している。

問三　───線②「若い女性たちの中には、大きな希望を感じた人が多かった」とありますが、筆者がそのように考えたのはなぜですか。その理由を次のようにまとめました。空らんに入れる言葉を字数にしたがって、本文中から抜き出して書きなさい。

カマラ・ハリスさんが［　　　　　　　　　　　　］になることは、［　　　　　］が
可能な社会になると考えたから。

問四　───線③「アメリカの苦難」とありますが、この部分の「アメリカの苦難」とは何ですか。次のア～オの中から、当てはまるものを二つ選び、記号で答えなさい。

ア　地球温暖化が進む一方、経済活動が止まってしまっていること。
イ　新型コロナウイルスの影響で、多くの仕事が失われていること。
ウ　技術が進歩して、国民に経済的な開きが生まれてしまったこと。
エ　経済活動が国外に広がり過ぎて、国内の仕事がなくなったこと。
オ　人種差別に反対する人たちが過激になり、争いが絶えないこと。

問五　――線④「これ」とは、何を指していますか。本文中から抜き出して書きなさい。

問六　――線⑤「日本は『ガラスの天井』どころか『鋼鉄の天井』があるように見えます」とありますが、これはどのような意味ですか。【条件】にしたがい、次の文の空らん（　　）に入る言葉を考えて書きなさい。

【条件】・「アメリカ」という言葉を使うこと。

日本は（　　　　　　　　）という意味。

二

学校で「合唱」に取り組むのは、歌の上達の他にどのような目的があると考えますか。次の【条件】にしたがい、あなたの考えを書きなさい。

【条件】

1. 全体を百三十字以上、百五十字以内で書くこと。
2. 原稿用紙の書き方にしたがって書くこと。
3. 題名や名前は書かないで、一行目から書くこと。
4. 全体を二段落に分け、第一段落には、あなたの考える「学校の授業で合唱をする目的」を書きなさい。また、第二段落には、そのように考える理由を書きなさい。

国語は反対のページからです。

4 **次の①～④のように，塩酸と炭酸水にそれぞれ鉄とアルミニウムを加える実験を行いました。以下の問いに答えましょう。**

① 塩酸に鉄を加える
② 塩酸にアルミニウムを加える
③ 炭酸水に鉄を加える
④ 炭酸水にアルミニウムを加える

問１ 金属がとけて，気体が発生する実験はどれですか。①～④からすべて選び，番号で答えましょう。

問２ 問１で発生する気体は，同じ気体でした。この気体の名前を漢字で答えましょう。

問３ ①～④の実験を行ったあと，しばらくしてからそれぞれの液体だけをとり出し，蒸発させると固体が出てくるものがありました。この固体をもう一度塩酸に入れるとどうなりますか。次のア～ウから１つ選び，記号で答えましょう。

ア 気体が発生してとける
イ 気体は発生しないが，とける
ウ とけないでそのまま残る

問４ 塩酸を加熱すると，水蒸気以外の気体が発生しました。この気体の名前を漢字で答えましょう。

3　磁石のはたらきについて，次の問いに答えましょう。

問１　磁石につかないものはどれですか。次の**ア**～**オ**からすべて選び，記号で答えましょう。

ア　鉄くぎ　　**イ**　アルミホイル　　**ウ**　スチールかん　　**エ**　砂鉄　　**オ**　10円こう貨

問２　磁石の力がいちばん強いのは，磁石のどの部分ですか。図１の**ア**～**ウ**から１つ選び，記号で答えましょう。図中のＮはＮ極，ＳはＳ極をあらわします。

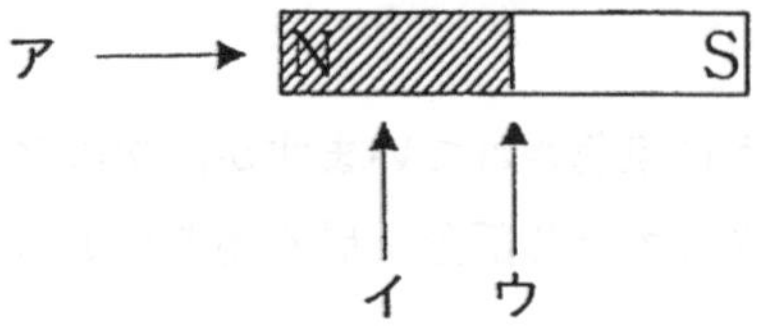

図１

問３　図２のように，方位磁針を**A**の位置に置いたとき，針の向きはどのようになりますか。次の**ア**～**エ**から１つ選び，記号で答えましょう。

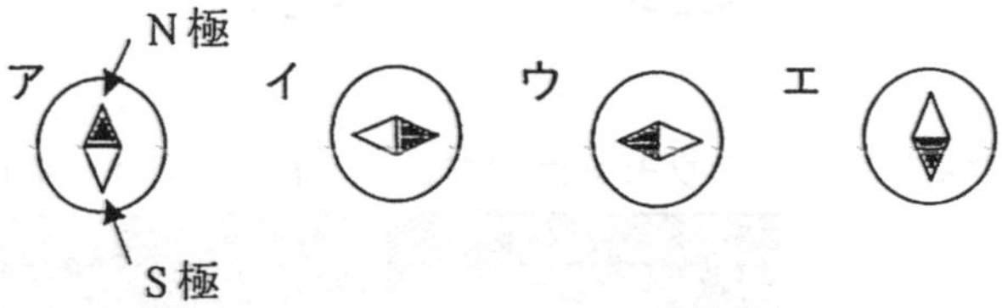

図２

問４　図３のように，ゴムの棒磁石を点線の場所で切りました。切ったところを近づけると，どのようになりますか。次の**ア**～**ウ**から１つ選び，記号で答えましょう。

ア　引き合う
イ　しりぞけ合う
ウ　引き合いもしりぞけ合いもしない

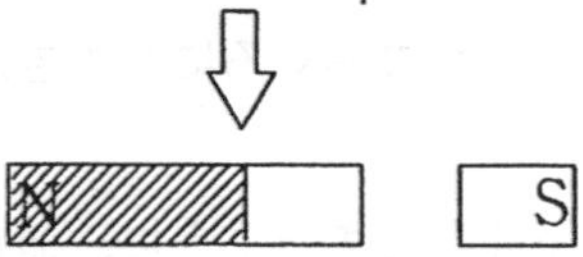

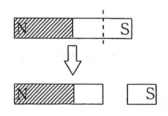

図３

2　**次の実験１と実験２を読み，以下の問いに答えましょう。**

【実験１】

ホウセンカを赤色の染色液で染めた水に入れて，しばらくそのままにしておきました。その後，葉とくきと根をカッターナイフで切って断面をルーペで観察しました。

問１　葉，くき，根の断面のうち，赤色に染まっている部分を観察できるのはどこですか。すべて答えましょう。

問２　くきを横に切った断面はどのように染色されていますか。次のア～エから１つ選び，記号で答えましょう。ただし，染色されている部分を黒く塗りつぶしています。

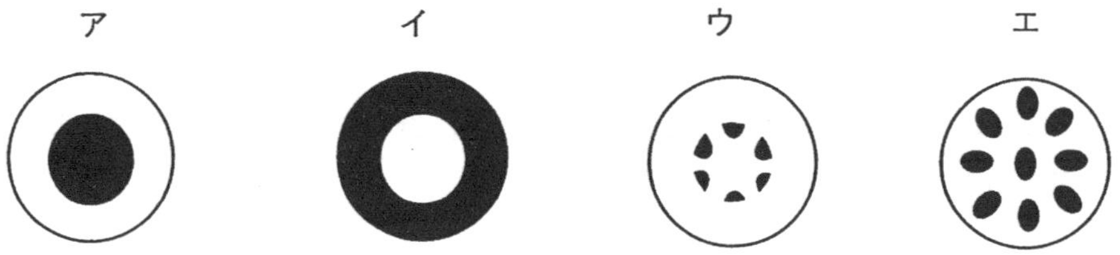

【実験２】　気温が25℃のある晴れた日中に，葉がついたホウセンカ（ア）と葉をとったホウセンカ（イ）にポリエチレンのふくろをかぶせました。10分～20分たってからそれぞれのふくろの内側のようすを観察したところ，どちらにも水てきがついていました。

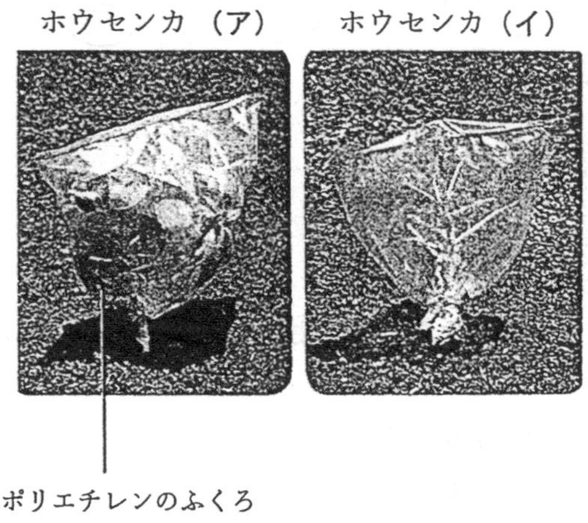

問３　ポリエチレンのふくろに水てきが多くついているのは（ア）（イ）のどちらですか。

問４　**実験２**で観察できたように，植物のからだの中の水が水蒸気になって出ていくことを何と言いますか。

問５　植物が**問４**を行う理由を１つ答えましょう。

理科

1　次の文を読み，以下の問いに答えましょう。

水そうにくみ置きの水道水を入れ，よくあらった小石や砂をしき，水草を植えました。次にめすとおすのメダカを 10 匹ずつ水そうに入れて飼育しました。メダカを飼ってしばらくすると，めすとおすがならんで泳ぐようになり，①めすはたまごをうみ，おすは精子を出しました。その後，水草にたまごがついていたため，たまごがついた水草を別の入れ物に移しました。②たまごを毎日かいぼうけんび鏡で観察したところ，10 日後にメダカの子どもがたまごから出てきました。なお，③大人のメダカには，えさを毎日１～２回，適切な量を与えています。

問１　水そうからメダカを１匹取り出して観察したところ，せびれに切れこみがあり，しりびれは平行四角形に近い形をしていました。このメダカはおすとめすのどちらですか。

問２　下線部①について，めすがうんだたまごがおすが出した精子と結びつくことを何と言いますか。

問３　下線部②について，次の図のア～エはメダカのたまごが変化するようすを示しています。ア～エを正しい順に並べましょう。

ア　　　イ　　　ウ　　　エ

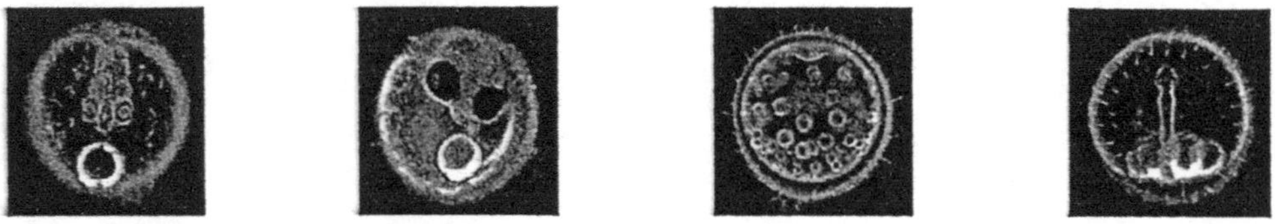

問４　かえったばかりのメダカの子どもは２～３日何も食べずに生きることができます。これはなぜですか。２０字以内で答えましょう。

問５　下線部③について，くみ置きの水道水を水そうに入れる代わりに，近くの池の水を入れて飼育しました。この場合，えさはときどきあたえるだけでメダカは元気に育っていましたが，その理由を 25 字以内で答えましょう。

次のページから理科の問題です。

問五

問六　日本は（　　　）という意味。

二

150

令和4年度　長崎南山中学校入試　解答用紙【　社会　】

1

※社会と国語２科目100点満点（配点非公表）

問1		問2	問3	問4
①	②			

2

			60										

3

問 1		
①	②	③

【解答用

令和４年度　長崎南山中学校　一次入学試験

算　数　解　答　用　紙

※解答用紙には，答えのみを書きなさい。

※算数と理科２科目100点満点（配点非公表）

1	(1) ア		(2) イ		(3) ウ		(4) エ	
	(5) オ		(6) カ		(7) キ		(8) ク	
	(9) ケ		(10) コ		(11) サ		(12) シ	
	(13) ス		(14) セ		(15) ソ		(16) タ	

2	(1) ア		(1) イ		(1) ウ	

【解答用

令和４年度　長崎南山中学校　入学試験問題（一次）
理　科　　　解　答　用　紙

※理科と算数２科目100点満点（配点非公表）

1

問１		問２	
問３	→ → →		
問４	5 10 15 20		
問５	5 10 15 20 25		

1

2

問１		問２		問３	

2

【解答用

3

問1		問2		問3		問4	

3

4

問1		問2	
問3		問4	

4

受験番号

点

3	(1)	ラジコン　　　　が　　　　秒　速くゴールする
	(2)	

受　験　番　号

1小計	2小計	3小計	得　点

問2		問3	
I	II	III	IV

4	

											40		

受験番号

二〇二二（令和四）年度　長崎南山中学校入学試験（一次）国語　解答用紙

受験番号

得　点

※国語と社会２科目100点満点（配点非公表）

一

問一

a

b

c

d

e

問二

問三

カマラ・ハリスさんが

になることは、

が可能な社会になると考えたから。

3 ラジコンAとラジコンBがあり、ラジコンAは秒速 10 mの速さで進み，ラジコンBは秒速 8m の速さで進むことができます。常に一定の速さで進むことができ，直線コースを走らせます。次の各問に答えなさい。

(1) 直線コースにスタート地点と 40 m 先にゴール地点を設置し，スタート地点からラジコンAとラジコンBを同時にスタートさせました。どちらが何秒速くゴールしますか。

(2) 直線コースにラジコンAを置き，ラジコンAから 50m 先にゴール地点を設置しました。ラジコンBをラジコンAと 同時に到着させるためには，どのようにラジコンBをスタートさせればよいですか。ただし，下の①～③の条件があります。解答用紙に記入しなさい。

＜条件＞

① ラジコンAは必ず 50m だけ走る。

② ラジコンBは 50mよりも長く走っても，短くてもよい。

③ ラジコンAとラジコンBは同時にスタートしなくてもよい。

2 太郎くんは，〇〇県△△市に住んでいます。太郎くんが住んでいる県と市は，それぞれ，宿泊費が安くなる割引制度を行っています。下の表は，1人あたりの割引内容です。

〇〇県	宿泊費の50%割引
△△市	宿泊費の半額割引(ただし，半額の上限は3000円)

太郎くんとお父さんの会話を読んで，各問に答えなさい。

<会話>

太郎くん　：　〇〇県の割引は分かるけど，△△市の「半額の上限」って何？

お父さん　：　例えば，宿泊費が1人6000円の場合，3000円で宿泊できるけど，1人の宿泊費が7000円の場合，半額は3500円だよね。この場合，割引できるのは3000円が上限で，3000円しか割引できないんだよ。だから宿泊は4000円ということだね。

太郎くん　：　なるほど。それなら△△市の割引制度を利用して，宿泊費が1人10000円のホテルに宿泊すると ア 円になるということだね。

お父さん　：　正解だよ。でもね，じつは〇〇県の割引制度も使えるんだよ。〇〇県の割引制度を利用して，その残りの宿泊費に△△市の割引制度を使うんだよ。

太郎くん　：　ちょっとわかんないな。

お父さん　：　それなら10000円の宿泊の場合を考えよう。まずは，〇〇県の割引制度で，イ 円になるね。そして，イ 円に△△市の割引制度を利用するから，

太郎くん　：　ウ 円になるの！？　それなら家族で泊まろうよ！！

(1)　ア～ウに入る数を答えなさい。

(2)　太郎くんの家族は，お父さん，お母さん，太郎くん、弟の4人家族で，県と市の割引制度を利用して，宿泊することにしました。
お父さん，お母さんの宿泊費はそれぞれ15000円，太郎くんと弟の宿泊費はそれぞれ9000円です。太郎くん家族の宿泊費の代金の合計を求めなさい。

(9)　下の図の斜線部分の面積を求めると，[ケ] m^2 となる。

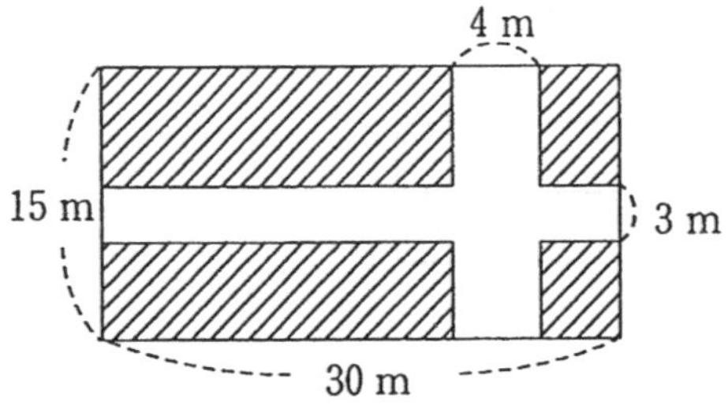

(10)　50をある数で割ると，あまりは4になった。このようなある数は全部で [コ] 個ある。ただし，ある数は1から50までの整数とする。

(11)　30枚で5 g となるハガキがある。このハガキが [サ] 枚で140 g になる。

(12)　1280円の商品を3割引きで販売すると [シ] 円になる。

(13)　4000 cm^2 は [ス] m^2 である。

(14)　Aくん，Bくん，Cくん，Dくんの4人から2人を選んでペアを作ると，全部で [セ] 通りのペアができる。

(15)　18と24の最小公倍数は，[ソ] である。

(16)　直径が 8cm の円の面積は，[タ] cm^2 である。ただし円周率は3.14を使うこと。

算数

1 次の $\boxed{}$ に入る数字を答えなさい。

(1) $2.82 \div 4.7 = \boxed{\text{ア}}$

(2) $2 \times 3 + 5 \div 5 = \boxed{\text{イ}}$

(3) $\frac{7}{9} - \frac{1}{3} - \frac{1}{6} = \boxed{\text{ウ}}$

(4) $25 \times 57 \times 4 = \boxed{\text{エ}}$

(5) $4 + (3 \times 2 - 1) \div 5 = \boxed{\text{オ}}$

(6) $\left(\frac{5}{3} + \frac{7}{5}\right) \div \frac{8}{25} = \boxed{\text{カ}}$

(7) $\left(3 \times \frac{1}{5} + 3\right) \div \frac{1}{5} = \boxed{\text{キ}}$

(8) $\frac{1}{1 \times 2} + \frac{1}{2 \times 3} + \frac{1}{3 \times 4} + \frac{1}{4 \times 5} = \boxed{\text{ク}}$

令和４年度

長崎南山中学校

一次試験問題

試験時間：50分

（１０：０５～１０：５５）

算数・理科

＊算数と理科はどちらから解いてもかまいません。

受験番号

4 資料１は小麦の生産量の国別割合，資料２は小麦の輸出量の国別割合，資料３は国の面積と人口を示しています。資料1～資料３を参考にして，中国の輸出量がほかの国より少ない理由を「人口」「消費」という言葉を使い，40字程度で説明しなさい。

資料1　小麦の生産量の国別割合

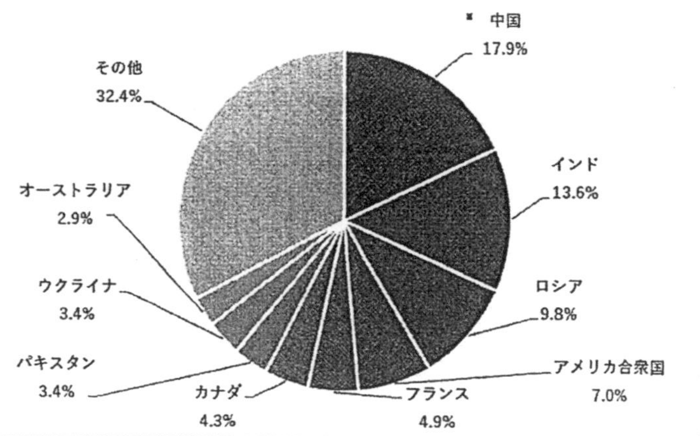

（2020/21 年版「世界国勢図会」）

資料2　小麦の輸出量の国別割合

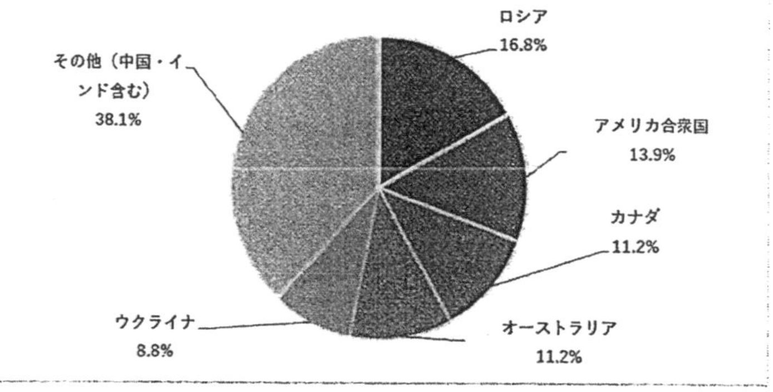

（2020/21 年版「世界国勢図会」）

資料3

	面積（千㎢）	人口（万人）
中国	9600	143932
オーストラリア	7692	2550
インド	3287	138000
アメリカ合衆国	9833	31003

（「世界の統計」2021）（人口統計資料（2020 年））

3 次の略年表は，日本の歴史の移り変わりについて示したものです。表を見て，あとの問いに答えなさい。

西暦《せいれき》	できごと
645	（　①　）がおこなわれる・・・・・・・・・・・ア
	A
1016	藤原道長が摂政となる・・・・・・・・・・・・・イ
	B
1167	（　②　）が太政大臣となる・・・・・・・・・・ウ
	C
（　③　）	源頼朝が征夷大将軍になる・・・・・・・・・・・エ
	D
（　④　）	関ケ原の戦いがおこる・・・・・・・・・・・・・オ
	E
1889	（　⑤　）憲法が発布される・・・・・・・・・・カ
	F
1945	（　⑥　）を受け入れ敗戦をむかえる・・・・・キ

問1. 略年表中の①～⑥にあてはまる語句・人物・数字を答えなさい。

問2. 次のⅠ・Ⅱのできごとは，略年表中のA～Fのどこにあてはまりますか。A～Fをそれぞれ記号で答えなさい。

Ⅰ. 承久の乱　　　　　　Ⅱ. 日露戦争

問3. 次のⅢ・Ⅳの人物は，略年表中のア～キのどのできごとと関係がありますか。ア～キをそれぞれ記号で答えなさい。

Ⅲ. 中大兄皇子　　　　　Ⅳ. 徳川家康

2　**資料1**は，日本の政治の仕組みを表しています。この図は，どのような政治を実現するためのしくみですか。「三権」「権力」という言葉を使い，60字程度で説明しなさい。

資料1

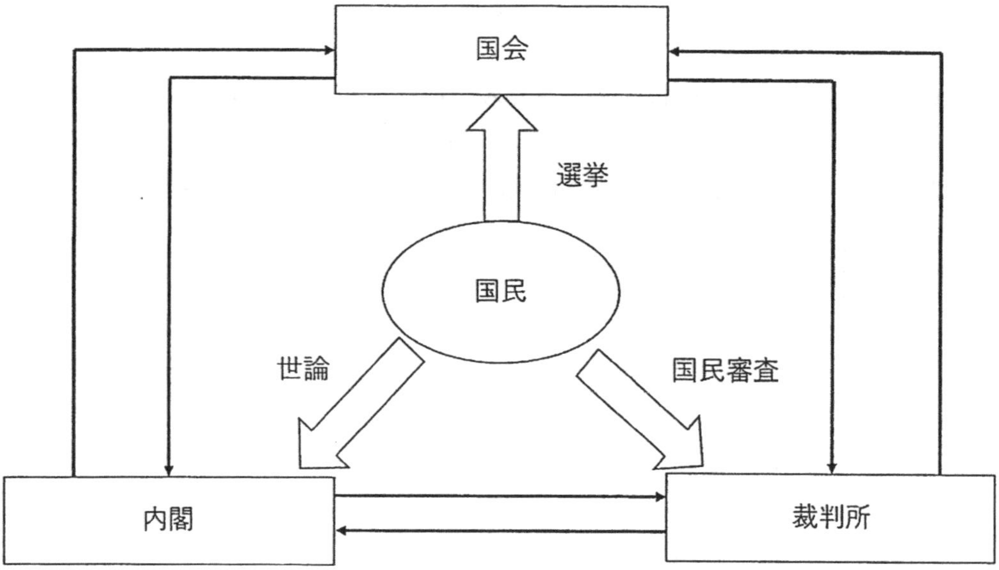

社会

1　日本の食料自給率の変化を示した表を見て，次の各問いに答えなさい。

品目＼年	1970	1990	2019
豆類	4%	5%	6%
①	106%	100%	97%
野菜	99%	91%	79%
肉類	89%	70%	52%
②	84%	63%	38%

（農林水産省）

問 1.　表中の①・②にあてはまるものを次のア～エから選び，それぞれ記号で答えなさい。

ア．米　　イ．砂糖　　ウ．果物　　エ．小麦

問 2.　表中の②や野菜・肉類が減少している理由として正しいものを次のア～ウから１つ選び，記号で答えなさい。

ア．外国で生産されたものが安く流通するようになったから。

イ．生産者が有利になるような価格を決められるようになったから。

ウ．生産量を増やしても政府が買いとってくれなくなったから。

問 3.　日本の食料自給率向上のために，地元でとれた食材を地元で食べることがすすめられている。このことを何と言うか答えなさい。

問 4.　問 3 に関して，「食料の輸送量×輸送きょり」で求められる食料の輸送による環境への負荷を示す数値を何というか答えなさい。

令和４年度

長崎南山中学校

一次試験問題

試験時間：50分

（９：００～９：５０）

国語・社会

＊国語と社会はどちらから解いてもかまいません。

＊国語は反対のページから始まります。

受験番号

国語はこちらからです。

二〇二三（令和五）年度　長崎南山中学校入学試験問題（一次）国語

【特別な指定がない場合は、「。」（句点）「、」（読点）は一字に数えます。】

一　次の文章を読み、あとの問いに答えなさい。

『セロ弾《ひ》きのゴーシュ』という宮沢賢治の[a]ドウワがあります。

ゴーシュは、ある楽団に属していて、チェロを担当しているのですが、あまりうまく弾くことができません。ゴーシュは家でも一所懸命に練習をします。彼の演奏は、人間の耳には、まったく下手《へた》な演奏に聞こえます。しかし、ある不思議な出来事が起こっていたのです。その音を聞いた動物たちの病気が治っていくのでした。

でも、ゴーシュはそのことを知りません。ゴーシュは人間の世界では、あまり目立つ存在ではありませんが、動物と心を通わせることができる不思議なちからを持っています。あるとき、野ねずみのお母さんはゴーシュにこう言います。

「先生、この児《こ》があんばいがわるくて死にそうでございますが先生お慈悲《じひ》になおしてやってくださいまし。」

もちろんゴーシュは何のことか分かりません。「おれが医者などやれるもんか。」と[b]不機嫌そうに答えます。

野ねずみのお母さんは、しばらくのあいだうつむいて、また言います。

「先生、①それはうそでございます。先生は毎日あんなに上手《じょうず》にみんなの病気をなおしておいでになるではありませんか。」

そう言われても、ゴーシュには、ますます謎《なぞ》が深まるばかりです。野ねずみのお母さんはさらにこう言いました。

「だって先生、先生のおかげで、兎《うさぎ》さんのおばあさんもなおりましたし、狸《たぬき》さんのお父さんもなおりましたしあんな意地悪ののみずくまでなおしていただいたのにこの子ばかりお助けをいただけないとはあんまり情けないことでございます。」

先ほども言いましたがゴーシュは、人間の世界では「下手」な演奏家です。でも、その[c]音色が動物たちの世界では秘薬に変じているのでした。

どうしてこんなことが起きるのでしょうか。賢治は、この物語で何を私たちに問いかけているのでしょうか。

知らない人が楽器を演奏する。すると私たちは、すぐにうまい下手でその音を判断しがちです。その人がどんな思いで楽器を演奏しているのかよりも、耳に聞こえる音を評価してしまうのです。

しかし、動物たちには上手下手という感覚はありません。演奏する者の心持ちをそのまま受け取るようなのです。すると、ゴーシュの音色は心身に響きわたってさまざまな[d]病を癒《い》やすのです。

この物語は②詩と詩人との関係をじつによく表現しています。

ある人たちの目には「下手」な詩でも、ほかのある人たちにとっては、長く探していた秘薬になる。そうしたことは珍し

くありません。
大切な人から贈《おく》られた詩、あるいは両親や家族から贈られたものも、私たちはそうしたおもいで受け取ることができるのではないでしょうか。
詩は下手でもいい、と言っているのではありません。ほんとうの詩（こころを込めて書かれた詩）は、上手下手という枠《わく》のそとで生まれるのです。詩の場合、大切なのは、「うまく」書こうとすることではありません。真剣に書くことです。
演奏が思うままにならなくても、ゴーシュはいつも真剣でした。そして、チェロを愛していました。詩を書こうとする者に必要なのも、真剣さと言葉への愛です。
真剣さを人に見せる必要はありません。ゴーシュが㊀ヘヤで練習をしたように独りでいるときに真剣であればよいのです。そして、ゴーシュはチェロを大切に、まるで仲間のように扱《あつか》います。詩を書こうとするとき、私たちも言葉とともに何かを作り上げるようにするとよいのだと思います。
世の中の評価にではなく、自分に誠実《せいじつ》であり続け、ただ「ほんとう」のことを書けばよいのです。
「ほんとう」のことを探す。それが賢治の願いでした。誰かがよいというものを手にして満足するのではなく、自分が心の底からほんとうだと感じられるものに出会うことを願ったのです。もちろん、賢治にとっての「ほんとう」のものと私たちにとってのそれが同じとは限りません。私たちは、自分の「ほんとう」のものを探さなくてはなりません。
賢治には『銀河鉄道の夜』というよく知られた作品があります。この作品には「ほんとう」という言葉が、幾度《いくど》となく記されています。
主人公のひとりであるジョバンニは、もう一人の主人公のカムパネルラと「ほんとうのさいわい」、ほんとうの幸せとはなにかをめぐって語り合います。するとジョバンニはぽつりと、カムパネルラだけでなく、あたかも見えない誰かに語りかけるようにつぶやくのです。
「けれどもほんとうのさいわいは一体何だろう。」
詩は、「ほんとうの」ことを探す旅です。ですから詩人は旅人でもあるのです。
詩の旅に終わりはありません。ですが、その＊道程《どうてい》は尽きることのない発見に満ちています。
そして詩を書くことはまるで、③言葉というスコップで、人生の宝物を探すようなものです。ほかの誰のものでもない、自分にとっての「ほんとう」の何かを探す、詩の旅、詩人への旅をはじめてみましょう。

＊「道程」…ある地点に行き着くまでの距離のこと。みちのり。

（若松英輔『詩を書くってどんなこと？』より）

問一 ═══線a～eのうち、漢字はひらがなに、カタカナは漢字に直して書きなさい。

問二 ～～～線「ますます」が直接かかる言葉は、次のア～オのどれですか。一つ選び、記号で答えなさい。

【ア そう言われても　イ ゴーシュは　ウ 謎が　エ 深まる　オ ばかりです】

問三 ――線①「それ」が指していることは何ですか。次の解答らんに合うように、（　）に入る言葉を書きなさい。

ゴーシュは（　　　　　　　　　　）こと。

問四 ――線②「詩と詩人との関係」とありますが、それはどのような関係ですか。次のア～エの中から一つ選び、記号で答えなさい。

ア すばらしい作品であれば、どのような人が読んでも共感し、感動させられるという関係。
イ 人々に深く受け入れられるには、技術よりも、強い思いの方が重要であるという関係。
ウ 多くの人がよい作品であると感じてくれることを目指し、自分の考えを合わせていく関係。
エ はじめはすぐれた作品と思われていない作品でも、少しずつ人々の心に響いていく関係。

問五 ――線③「言葉というスコップで、人生の宝物を探すようなもの」とありますが、これはどういうことですか。次のア～エの中から適切なものを一つ選び、記号で答えなさい。

ア 詩を作るときに、自分で新しい表現方法を考える中で、いろいろと効果的な表現を発見していくこと。
イ 多くの言葉を学んでいくことで知識が豊富になり、詩を作るときにとても作りやすくなっていくこと。
ウ 詩を作り、自分にとって「ほんとう」のものを探す中で、さまざまなことに気づいていくということ。
エ 詩を書く練習を日々続けていくことで、周りが驚くような作品をいつか書けるようになるということ。

問六 「詩」を書くのに大切なことは何だと説明されていますか。本文中から五字以上、十字以内で抜き出して答えなさい。

問七　本文の表現について、次の**ア**〜**エ**の説明のうち、どれが最も適切ですか。一つ選び、記号で答えなさい。

ア　有名な小説作品から具体例を出すことで、言いたいことを分かりやすくし、説得力を強めている。
イ　筆者の詩を書く体験を紹介しながら他の人たちと比較し、考え方の違いや自分の考えを説明している。
ウ　何が大事なのか最初に述べて、その理由や根拠を出していくことで、最初の意見を強めている。
エ　これまで世の中で言われてきた理論の間違えている点を出しながら、自分の主張を述べている。

二　あなたのクラスで、「修学旅行での決まり事」について話し合うことになりました。次の会話はその話し合いの様子です。この会話を読み、あとの問いに答えなさい。

Aさん　私はお小《こ》遣《づか》いを一人五千円に決めておくといいと思います。お小遣いが自由だと、多く持ってきた人だけがたくさんおみやげを買って、あまり持ってきていない人と差ができてしまいます。

Bさん　確かに、親の考えもあるから、人によって差ができてしまうのは困るし、制限がないといくらでも持ってきてしまう人もいると思います。

Cさん　それでは、一人五千円ということに決めてもいいでしょうか。

Dさん　お小遣いの決まりを作るのは賛成ですが、五千円ではほとんどおみやげは買えないのではないでしょうか。この前、家族で出かけたときに、その土地で有名なお菓子を買うのに、一箱三千円ぐらいでした。それだと、お菓子を一箱買っただけで、あとはほとんど買えなくなってしまいます。

Cさん　なるほど。確かにそれだとおみやげを一つ買っただけで、他は何も買えなくなってしまいますね。今のを聞いてAさんはどう思いますか。

Aさん　Dさんの話を聞いて、私も五千円ではあまりおみやげは買えないと感じました。でも、もし倍の一万円だったら、私たち小学生にとっては大金です。持ち歩くのも不安ですし、親に申し訳ない気がします。

Cさん　五千円は少ないけれど、一万円は多すぎるということですね。Bさんはどう思いますか。

Bさん　私も五千円ではあまり買えないし、一万円は持ち歩くのには多すぎる気がします。親がどう思うか聞いていないし、家庭によって高く感じるかどうかは違うと思いますが、高すぎると親にお願いしにくいので、一万円までは必要ないと思います。

Cさん　そうですね。高すぎても親に言いにくいですよね。では、今回の修学旅行でのお小遣いは、五千円よりは多くて、一万円までは行かない、中間の八千円を限度ということにしましょう。ただし、（　1　）ことは必要ですね。みんな、それでいいでしょうか。

【国

問一　右の話し合いの中で、「Cさん」はどのような役割をしているか。簡単に書きなさい。

問二　会話の流れから、右の空らん（　1　）に入る適切な言葉を考えて書きなさい。

問三　あなたは「修学旅行での決まり事」として、お小遣いのこと以外にどのようなことが必要だと考えますか。次の条件にしたがって書きなさい。

【条件】
1. 全体を百三十字以上、百五十字以内で書くこと。
2. 原稿用紙の書き方にしたがって書くこと。
3. 題名や名前は書かないで、一行目から書くこと。
4. 全体を二段落に分け、第一段落には、あなたの考える「修学旅行での決まり事」を書きなさい。また、第二段落には、そのように考える理由を書きなさい。

4 図１は，ヒトのからだの中の食物の通り道を，図２は，血液が流れる通り道を簡単に表したものです。次の各問いに答えなさい。

問１　図１のような，食物の通り道を何といいますか。

問２　図１のア，イの部分を何といいますか，それぞれ書きなさい。

問３　食物中の養分を体内に吸収する部分を，図１のア～エから一つ選び，記号で答えなさい。

問４　問３の部分の名前を書きなさい。

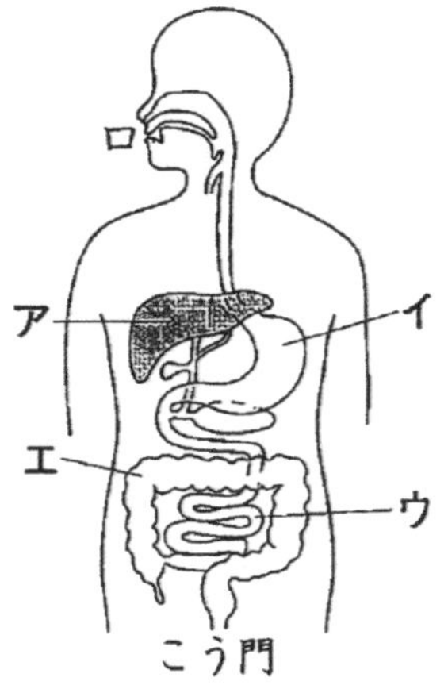

図１

問５　図２のような，血液の通り道を何といいますか。

問６　図２のAとBをくらべたとき，酸素を多くふくむ血液が流れているのはどちらですか。

問７　図２のCとDをくらべたとき，不要物を多くふくむ血液が流れているのはどちらですか。

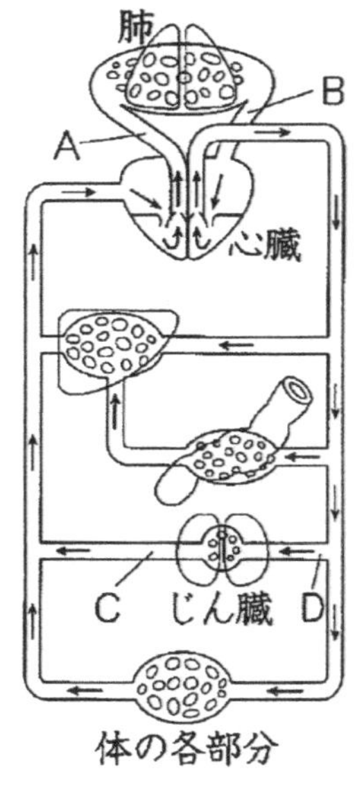

図２

3 ある日の夕方，空を観察すると，図１のように南の空に右側半分が光っている月が見えました。次の各問いに答えなさい。

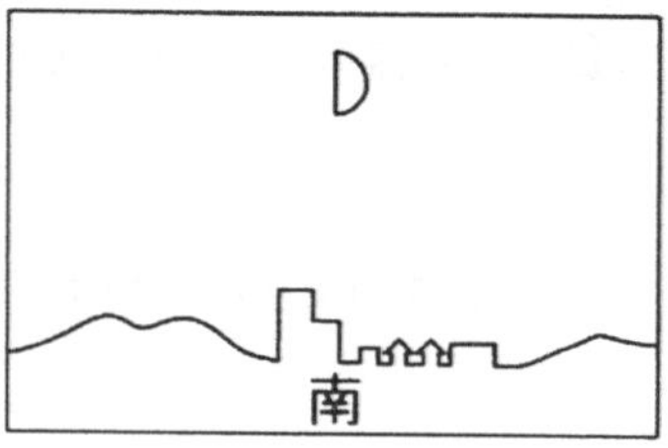

図１

問１　この月が西の位置にくるのはいつごろですか。
次のア～エから一つ選び，記号で答えなさい。

ア　夕方　　イ　夜中　　ウ　朝　　エ　昼

問２　観察した日から月を観察し続けたとき，最初に満月になるのは約何日後になりますか。
次のア～エから一つ選び，記号で答えなさい。

ア　7日後　　イ　14日後　　ウ　21日後　　エ　30日後

問３　観察した日から月を観察し続けたとき，図１の月が再び見られるのは，この観察を行った日からおよそ何日後になりますか。問２のア～エから一つ選び，記号で答えなさい。

問４　図２は，月が地球のまわりを回っているようすを表したものです。図１の月が見えるのは，月がどの位置にあるときですか，図２のア～クから一つ選び，記号で答えなさい。

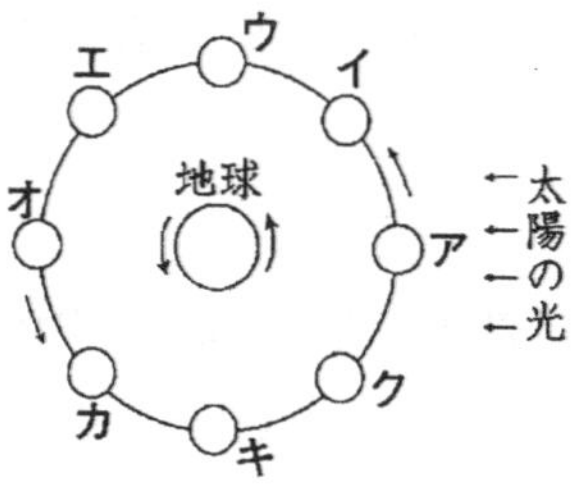

図２

問5　月の全体または一部が地球のかげに入る現象を月食といいます。2022年11月８日の夕方から午後10時ごろまで月食が観察されました。この日，観察された月食のときの月の見え方として正しいものを，次のア～エから一つ選び，記号で答えなさい。ただし，天体望遠鏡ではなく肉眼で観察したものとします。

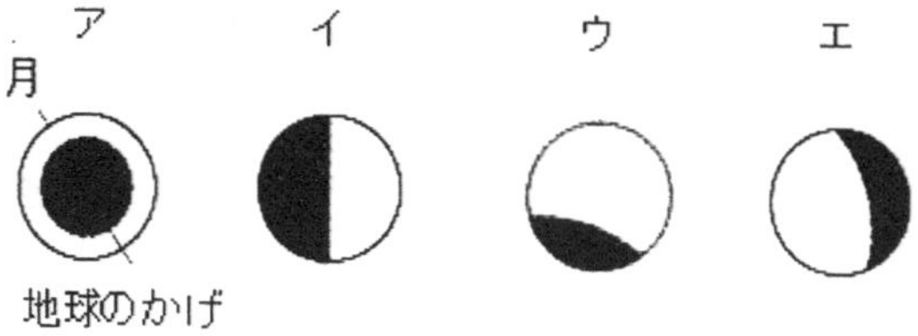

2 実験器具について，次の各問いに答えなさい。

問1　図1のような，固体と液体を分ける方法を何といいますか。

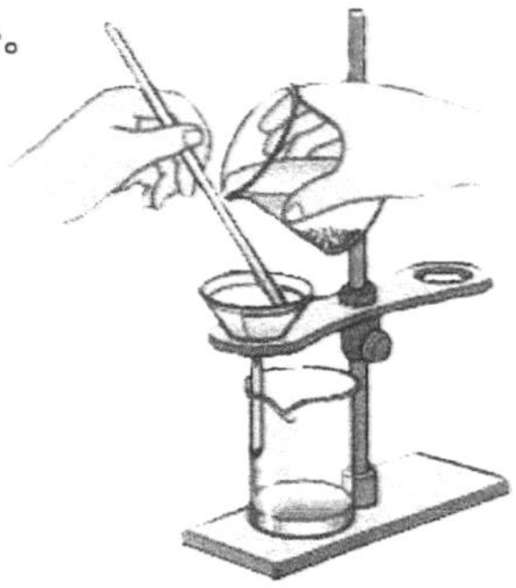

図1

問2　図1の方法で固体と液体を分けることができないものを，次のア〜エからすべて選び，記号で答えなさい。

ア　砂糖水

イ　砂が混じった河川水

ウ　食塩水

エ　牛乳

問3　水の体積をはかるためにメスシリンダーを使ったところ，液面が図2のようになりました。水の量を読みとるときの目の位置を，図2のア〜ウから一つ選び，記号で答えなさい。

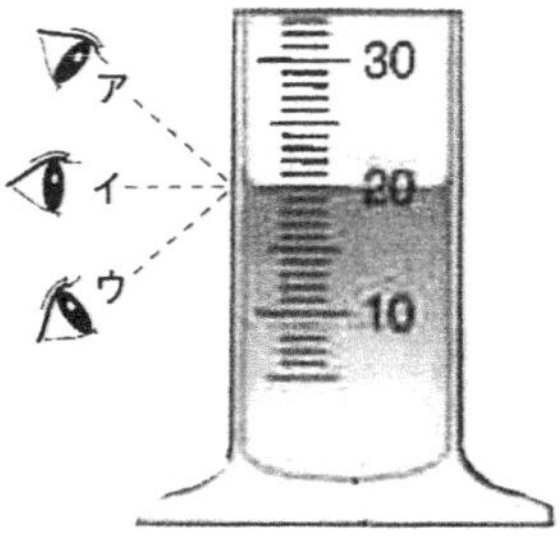

図2

問4　図3のように実験てこを使って，てこのつり合いを調べました。左うでの6番に10gのおもりを2個つるしたとき，右うでの3番に10gのおもりを何個つるせばつり合いますか。

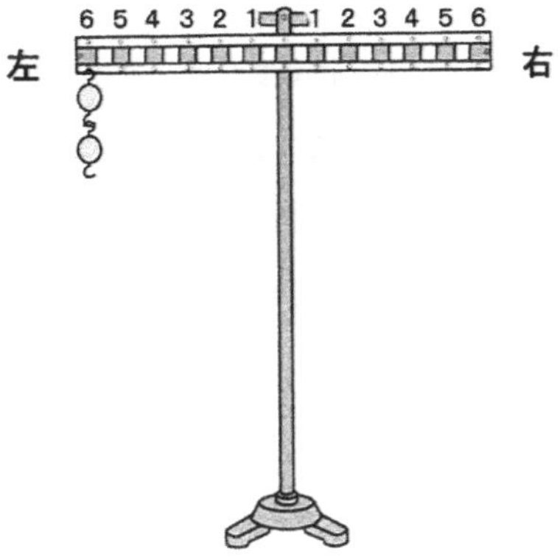

図3

1　空気について，あとの問いに答えなさい。

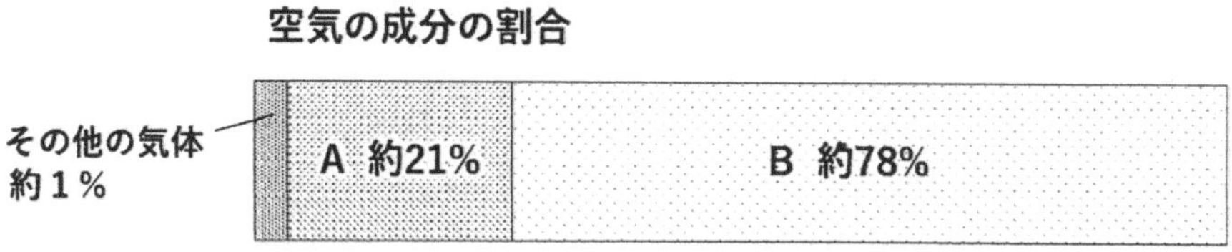

図１

問１　図１は，空気の成分の割合を表したものです。AとBの気体は，それぞれ何ですか。

問２　図１の「その他の気体」に含まれる気体の中で，石灰水にとけると白くにごらせる性質があるものは何ですか。

問３　図１のAの気体だけを集めたびんの中に火のついた線香を入れると，線香の火はどのようになりますか。

問４　図２のように，かたいつつに栓をして空気をとじこめました。ピストンを押して，中の空気に力を加えていくと，空気の体積はどうなりますか。次のア～ウから一つ選び，記号で答えなさい。

ア　空気の体積は小さくなった。
イ　空気の体積は大きくなった。
ウ　空気の体積は変わらなかった。

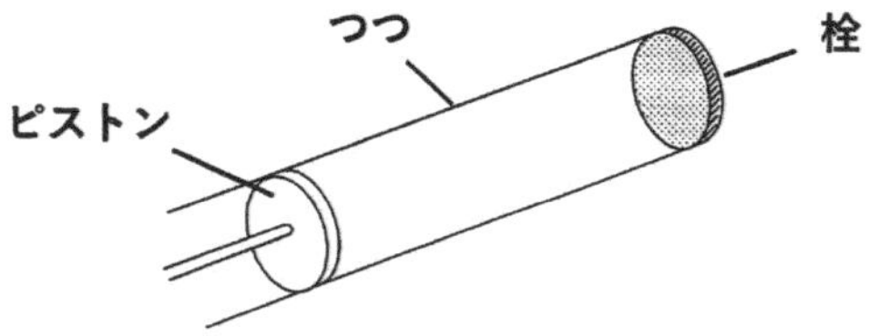

図２

次のページから理科の問題です。

二

問一

問二

問三

120

135

150

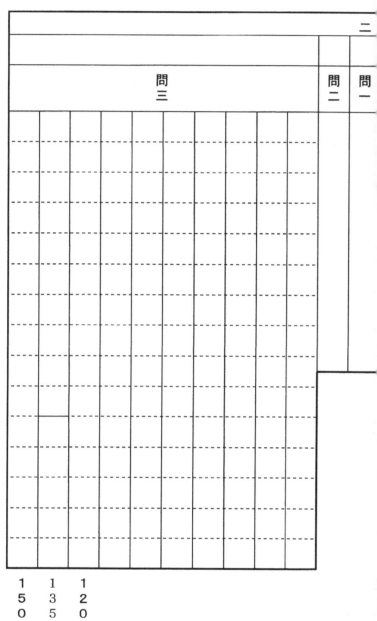

※社会と国語２科目100点満点（配点非公表）

令和5年度　長崎南山中学校　一次入学試験　解答用紙【　社会　】

1

問1	問2	問3

問4

2

問1①	問1②	問2（番号）

問2（説明）

【解答

※算数と理科２科目100点満点（配点非公表）

令和５年度　長崎南山中学校　一次入学試験

算　数　解　答　用　紙

※解答用紙には，答えのみを書きなさい。

1	(1) ア		(2) イ		(3) ウ		(4) エ	
	(5) オ		(6) カ		(7) キ		(8) ク	
	(9) ケ		(10) コ		(11) サ		(12) シ	
	(13) ス		(14) セ		(15) ソ		(16) タ	

	(1)	秒

【解答

※理科と算数２科目100点満点（配点非公表）

令和５年度　長崎南山中学校　一次入学試験問題

理　科　　解　答　用　紙

1

問1	A	B	問2	
問3			問4	

1

2

問1		問2	
問3		問4	個

2

3

問1		問2		問3	

【解答

4

問1		問2	ア	イ	
問3		問4			
問5		問6		問7	

4

受 験 番 号

点

	(2)	ア	イ　　　cm^2	(3)	ウ	エ　　　cm^2

3	(1)	円	(2)	個
	(3)	円		

受験番号

1小計	2小計	3小計	得点

問2

4				
問1	問2	問3	問4(11月3日)	問4(5月3日)

受験番号

二〇二三（令和五）年度　長崎南山中学校入学試験（一次）国語　解答用紙

受験番号

得　点

一

問一

a	b	c	d	e

問二

問三　ゴーシュは（　　　　）こと。

問四

問五

問六

※国語と社会２科目100点満点（配点非公表）

3 スーパーマーケットで，みかん，りんご，なしを売っています。
みかん 5 個とりんご 3個を買うと代金の合計は 530 円になり，りんご 3 個となし 4 個を買うと代金の合計は 1010 円になります。また，みかん 5 個となし 4 個を買うと代金の合計は，りんご 8 個の代金の合計と同じになります。
このとき，次の各問いに答えなさい。

(1) Aさんは，みかん 5 個，りんご 6 個，なし 4 個を買うことにしました。このとき，代金の合計を求めなさい。

(2) Bさんは，Aさんが払った代金と同じ金額でりんごだけを買いました。りんごは何個買えますか。

(3) なし 1 個の代金を求めなさい。

2 下の図のように，直線上に長方形 A と直角三角形 B が 1 つの頂点で重なっています。長方形 A が図の位置から矢印の方向に毎秒 1 cm の速さで動くとき，次の各問いに答えなさい。

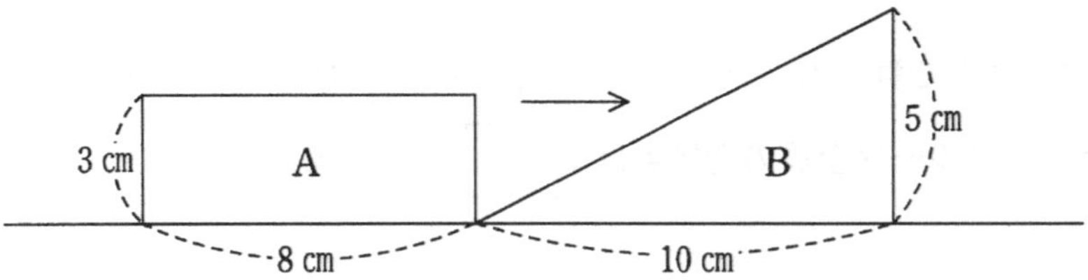

(1) 図の状態から A と B の重なりがなくなるまでにかかる時間を求めなさい。

(2) 動き始めてから 2 秒後の，A と B が重なる部分の図形は [ア] で，その面積は [イ] cm^2 です。[ア] にあてはまる図形を，下の [　　] の①～⑥の中から選び，記号で答えなさい。また，[イ] にあてはまる数を求めなさい。

(3) 動き始めてから 12 秒後の，A と B が重なる部分の図形は [ウ] で，その面積は [エ] cm^2 です。[ウ] にあてはまる図形を，下の [　　] の①～⑥の中から選び，記号で答えなさい。また，[エ] にあてはまる数を求めなさい。

① 直角三角形	② 二等辺三角形	③ 正三角形
④ 台形	⑤ 長方形	⑥ 五角形

(9)　28と42の公約数は［ケ］個である。

(10)　グループ 12 人で算数の小テストをしたところ，平均点が 8.5 点だった。
このとき，グループ全員の合計点は［コ］点である。

(11)　9×9×9×9×9×9×9×9×9×9 と9を10個かけた数の一の位の数字は［サ］になる。

(12)　［シ］人の 25 % は 125 人である。

(13)　右の図で，①の角の大きさは［ス］°である。

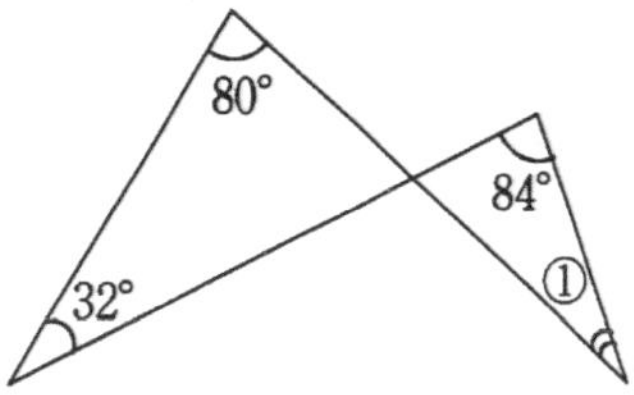

(14)　一の位を四捨五入して 20 となる整数をすべて加えると［セ］になる。

(15)　□に同じ整数を入れて，$\frac{1}{\square}+\frac{2}{\square}+\frac{3}{\square}+\frac{4}{\square}+\frac{5}{\square}$ を計算すると答えが 3 になった。□にあてはまる整数は［ソ］である。

(16)　右の図は，1 辺が 6 cm の正方形と，その対角線が交わった点を中心とする半径 10 cmの円をかいたものである。正方形の 2 つの辺を円周まで延長したとき， の面積の合計は［タ］cm^2 である。ただし,円周率は3.14を使うこと。

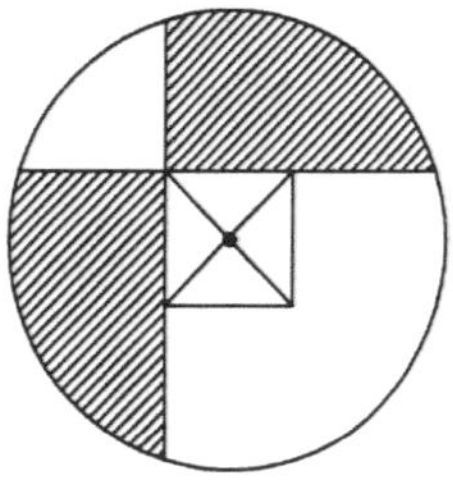

算数

1 次の □ に入る数字を答えなさい。

(1) $32-18=$ ア

(2) $321-123=$ イ

(3) $33.6\div0.14=$ ウ

(4) $4\times12\times5=$ エ

(5) $\dfrac{4}{9}\times\dfrac{3}{8}\div0.25=$ オ

(6) $16\div4\times4=$ カ

(7) $2-\dfrac{1}{2}-\dfrac{1}{3}-\dfrac{1}{4}=$ キ

(8) $\left(\dfrac{1}{2}+\dfrac{3}{4}\div\dfrac{5}{6}\right)\div\dfrac{7}{8}-\dfrac{9}{10}=$ ク

令和５年度

長崎南山中学校

一次試験問題

試験時間：50 分

（１０：０５～１０：５５）

算数・理科

＊算数と理科はどちらから解いてもかまいません。

＊答えは，それぞれの教科の解答用紙にかきなさい。

受験番号

国語は反対のページからです。

4 日本国憲法の内容について，各問いに答えなさい。

問1. 日本国憲法の原則の１つである「国民主権」の意味として，**正しいもの**を次の**ア**～**エ**の中から１つ選び，記号で答えなさい。

ア. 国民は政府に対し納税・労働など一定の義務を負う。

イ. 政治は選挙などを通じた国民の意志によって決定される。

ウ. 国民は生まれつき自由・平等であり，幸福に生きる権利をもっている

エ. 国民は戦争を放棄し，陸海空軍などの戦力をもたない

問2. 日本国憲法で，天皇は実質的な政治決定にはかかわらず，形式的・儀礼的な仕事（国事行為）のみを行うものとされています。天皇が行う仕事として**誤っているもの**を次の**ア**～**エ**の中から１つ選び，記号で答えなさい。

ア. 勲章（栄典）などを授与する。

イ. 憲法や条約を公布する。

ウ. 参議院を解散する。

エ. 内閣総理大臣を任命する。

問3. 日本国憲法では，病気などで働けないような国民を政府が支援することが定められています。これは憲法のどの規定とかかわることですか。次の**ア**～**エ**の中から１つ選び，記号で答えなさい。

ア. 国民には健康で文化的な生活をする権利がある。

イ. 国民には居住や移転，職業選択の自由がある。

ウ. 国民には政治に参加する権利がある。

エ. 国民には信教・学問・思想の自由がある。

問4. 日本国憲法は 1946 年 11 月 3 日に公布され，1947 年 5 月 3 日から施行されました。現在 11 月 3 日と 5 月 3 日は国民の祝日となっています。それぞれの名称を答えなさい。

3 **資料1・資料2**を見て，あとの問いに答えなさい。

資料1

資料2

問1. **資料**1は，19世紀終わりごろの東アジアの国々の関係をえがいたものです。人や魚が表している国名を用いて，それらの関係を説明しなさい。

問2. **資料2**は，江戸時代の長崎の様子をえがいた絵です。幕府がこの島への出入りをオランダのみにしたのはなぜですか。**「キリスト教」**・**「貿易」**の言葉を用いて説明しなさい。

2 次の**資料**を読んで，あとの問いに答えなさい。

レジ袋などのプラスチック製品は石油から作られ，この過程で二酸化炭素が排出されている。空気中の二酸化炭素の量が増えることは，地球温暖化の原因の一つと言われている。そのため，二酸化炭素排出が抑えられると，地球温暖化を防ぐことがふくまれる目標（　①　）の達成につながるのではないかと思われる。レジ袋は使用された後，そのまま川や海に流れて出てしまうと，そこに住む生物にえいきょうを及ぼすことも考えるため，目標（　②　）の達成が難しくなる。また，細かく分解されたプラスチックは，私たちの体内に入るかもしれないので目標3や目標6にも関係してくることも考えられる。このようにレジ袋だけを取り上げても，さまざまな目標と結びついていることがわかる。

地球問題を自分の問題だと考え，日々の生活を送る必要があるのではないでしょうか。

資料　SDGsの各目標

1　貧困をなくそう
2　飢餓をゼロに
3　すべての人に健康と福祉を
4　質の高い教育をみんなに
5　ジェンダー平等を実現しよう
6　安全な水とトイレを世界中に
7　エネルギーをみんなに そしてクリーンに
8　働きがいも経済成長も
9　産業と技術革新の基盤をつくろう
10　人や国の不平等をなくそう
11　住み続けられるまちづくりを
12　つくる責任　つかう責任
13　気候変動に具体的な対策を
14　海の豊かさを守ろう
15　陸の豊かさを守ろう
16　平和と公正をすべての人に
17　パートナーシップで目標を達成しよう

問1. 上の文の空欄（　①　）・（　②　）にあてはまるものを，次の**ア～エ**の中から１つ選び，それぞれ記号で答えなさい。

ア. 1 貧困をなくそう　　**イ**. 13 気候変動に具体的な対策を
ウ. 14 海の豊かさを守ろう　**エ**. 17 パートナーシップで目標を達成しよう

問2. 下線部について，地球の問題に対して，私たちが実行できる例として，「古い電気機器を新しいものに買いかえる」ということがあります。なぜ，それがSDGsを達成することにつながるのか，資料中より達成できるものを１つ選び，番号と説明を解答欄にそって書きなさい

1 次の文を読んで，あとの各問いに答えなさい。

国家の主権のおよぶ範囲を領域といい，領域は領土や領海，領空からなります。現在の日本は周辺諸国との間で「領土問題」を多く抱えています。具体的には，①北方領土，尖閣諸島，②竹島に関するものです。日本政府の公式見解ではすべて「日本固有の領土である」ということですが，残念ながら解決への見通しはありません。このほかにも日本政府は，太平洋に浮かぶ沖ノ鳥島が波にけずられて消滅してしまうことを防ぐため，護岸工事をして島を囲いこむということをしており，③領土を守ることが重要です。

問1．下線部①について，北方領土は択捉島，歯舞群島，国後島と，あと一つの島名を漢字で答えなさい。

問2．下線部②について，日本側の立場では，竹島は何県に属していますか。次の**ア**～**エ**の中から１つ選び，記号で答えなさい。

ア．島根県　**イ**．山口県　**ウ**．福岡県　**エ**．石川県

問3．下線部②について，2021年に日本政府はオランダのハーグに置かれている国際連合の専門機関にこの問題の解決をたのもうとしましたが，韓国から断られたということがありました。この専門機関を次の**ア**～**エ**の中から１つ選び，記号で答えなさい。

ア．安全保障理事会　**イ**．経済社会理事会
ウ．信託統治理事会　**エ**．国際司法裁判所

問4．下線部③について，日本政府としては領土を失うことで経済的にどのような不利益が生じますか。**「排他的経済水域」**という言葉を使い説明しなさい。

令和５年度

長崎南山中学校

一次入学試験問題

試験時間：50 分

（９：００～９：５０）

国語・社会

＊国語と社会はどちらから解いてもかまいません。

＊国語は反対のページから始まります。

＊答えは，それぞれの教科の解答用紙にかきなさい。

受験番号

国語はこちらからです。

二〇二四（令和六）年度長崎南山中学校入学試験問題（一次）国語

【特別な指定がない場合は、「。」（句点）「、」（読点）は一字に数えます。】

一　聞き取り問題　※音声と放送原稿非公表

問一、音声を聞き、問いに答えなさい。

問二、音声を聞き、問いに答えなさい。

問三、音声を聞き、問いに答えなさい。

二　次の文章を読んで、あとの問いに答えなさい。

「①むかしむかし、空飛ぶクルマがありました……。」

絶対温度の単位に名前が残る著名な物理学者ケルビン卿《きょう》は、晩年「気球を使う[a]イガイに飛行方法があるとは思えない」と述べて、王立航空協会への入会を[b]コトワりました。その数年後、ライト兄弟は有人動力飛行を成功させ、凧《たこ》を[c]ハッテンさせた機械が飛ぶことを実証しました。

一方で、そのライト兄弟の弟、オーヴィル・ライトは「ヘリコプターという形式は、[d]スイチョクに離陸できる唯一の『空気より重い』機械だが、課題が多い。実用化に[e]至るのはずっと先だ」と述べています。しかし、その数年後にはナチス・ドイツで世界初の実用ヘリコプターが開発されました。

この二つの話から、SF作家アーサー・C・クラークの言葉が思い出されます。「著名《ちょめい》だが年老いた科学者が、何かを『可能』だと述べたらそれはきっと正しい。②もし何かを『不可能』だと言ったらそれは大体まちがっている。」

歴史に学びましょう。空飛ぶクルマ、フライングカーは可能です。もっといえば、とっくの昔に作られています。空飛ぶクルマ、それはもはや未来のクルマではなく、クラシックカーの一種なのです。

[A]、発明家モールトン・テイラーによる「エアロカー」は、1949年に初飛行を果たしました。エアロカーは道路を走れますが、見た目はほぼ小型飛行機でした。考えてみれば、飛行機には離着陸用のタイヤが付いていますから、空飛ぶクルマと呼べなくもない。エアロカーは、離着陸に長い滑走路《かっそうろ》が必要です。要は、自家用小型飛行機を所有できることと、空飛ぶクルマを持てることはほぼ同じです。ハードルが高くなりました。ちょっとがっかりですね。かつて、フォード社も空飛ぶT型フォードを目指して軽飛行機を開発していましたが、墜落《ついらく》事故の後、開発を打ち切りました。

[B]、小型飛行機を空飛ぶ車と言い張るのは無理があります。滑走路がいらず、その場で飛び立つことのでき

るスイチョク離陸機（ＶＴＯＬ機）がわたしたちの欲しい空飛ぶクルマだといえるでしょう。

実は、背負うだけで空中浮遊《ふゆう》ができるジェットパックと呼ばれる装置が、１９６０年代に試されています。ベル・エアロシステムズ社が開発した「③ロケットベルト」です。リュックサックのように背負う形で、スキューバダイビングのような大きなタンクが目につきます。立った状態からそのまま離陸できます。ロケットベルトの多数のデモンストレーションの中でも有名なのは、１９８４年のロサンゼルスオリンピックです。開会式の中で、空飛ぶ人間がフィールドを横断し、見事フィールド中央に降り立ちました。

多くの人を魅了《みりょう》したロケットベルトですが、流行することはありませんでした。現在、ジェットパックで通勤している人はいません。空の通勤ラッシュも起こりません。ロケットベルトの推進源は過酸化水素で、飛行時間が３０秒未満という欠点があったのです。

●一度は下火になりましたが、いま再び、人間が空を飛ぶ未来が試されようとしています。ジェット燃料を使う軽くて高出力なマイクロタービンが手に入るようになって、この動きが加速されました。例えば、ジェットパック・アビエーション社が開発するジェットパックの最新版「ＪＢ－１０」は、約１０分の飛行が可能です。ザパタ社が開発するのは、背負うのではなく乗るタイプの「④フライボード・エア」で、約６分間飛ぶことができます。このザパタ社は、消防ホースに似た、水流ジェットによる水上アクロバット装置を開発した会社でもあります。手からジェットを噴出して飛ぶのは、グラビティ社の開発する「ダイダロス」です。映画『アイアンマン』のスーツに似たスタイルは、かっこよさでは一番です。

未来は試され、過去になりました。しかし、空飛ぶジェットパックの夢は生き残っています。墜落しても大きなケガをしない海や湖で、空を飛ぶ新しいレジャーが生まれるかもしれません。一度あきらめた未来への挑戦は、今も続いています。

（新山龍馬『超ロボット化社会～ロボットだらけの未来を賢く生きる～』による）

問一、〜〜線a〜eのカタカナを漢字に、漢字はその読みを平仮名で答えなさい。

問二、□A・Bに入る語句として、最も適当なものを、次のア〜エの中から最も適当なものを、それぞれ一つ選び、記号で答えなさい。

ア、しかし　イ、やはり　ウ、例えば　エ、だから

問三、――線①「むかしむかし、空飛ぶクルマ」とありますが、その空飛ぶクルマの名前を本文から探し、抜き出しなさい。

問四、――線②「もし何かを『不可能』だと言ったらそれは大体まちがっている」とありますが、どうして間違っていると言えるのでしょうか。その理由を四十五字以内で説明しなさい。

問五、――線③「ロケットベルト」の説明として、正しくないものを、次のア〜エの中から選び、記号で答えなさい。

ア、過酸化水素が燃料で、飛行時間が３０秒未満という欠点から流行しなかった。

イ、ロサンゼルスオリンピックの開会式で登場したが、人々から注目されなかった。

ウ、リュックサック型のものを背負い、立った状態のまま離陸することができた。

エ、多くのデモンストレーションを行って、その存在を多くの人に伝えようとした。

問六、――線④「フライボード・エア」とはどのようなものですか。絵で表現し、解答らんにその絵を描きなさい。

問七、●「一度は下火・・・」から文章の最後までの内容で、筆者は読み手に何を伝えようとしていましたか。本文中の言葉を使って、解答らんに合うように二十字以内で答えなさい。

【　　　　　　　　　　】ことを伝えようとしている。

問八、この文章には「空飛ぶクルマ」に関することが書かれていました。これからも科学技術の進歩で、今まで開発されなかったものが生み出されていくと思われます。では、あなたが科学者になったと仮定して、どのようなものを開発し、社会に役立てたいですか。開発したい理由を含めて、次の条件にしたがって書きなさい。

【条件】

1. 全体を百三十字以上、百五十字以内で書くこと。
2. 原稿用紙の書き方にしたがって書くこと。
3. 題名や名前は書かないで、一行目から書くこと。
4. 全体を二段落に分け、次のような内容を書くこと。
第一段落には、開発したいもの。
第二段落には、開発したい理由。（社会に役立つことがわかるように書こう。）
5. 開発したいもので「空飛ぶクルマ」を書いてはいけません。

次のページから国語です。